SERGEI URBAN

THE **DAD** LAB®

MIT PAPA COOLE SACHEN MACHEN

40 EINFACHE UND WITZIGE EXPERIMENTE

AUS DEM ENGLISCHEN VON
SILVIA SCHRÖER

cbj

Dieses Buch ist auch als E-Book erhältlich.

Verlagsgruppe Random House FSC® N001967

1. Auflage 2019
© 2019 cbj Kinder- und Jugendbuchverlag
in der Verlagsgruppe Random House GmbH
Neumarkter Str. 28, 81673 München

Alle deutschsprachigen Rechte vorbehalten
Text, Fotos und Illustrationen © Sergei Urban, 2018
Design: davidjpitt
Die englische Originalausgabe erschien 2018 unter dem Titel:
"TheDadLab – 40 quick, fun and easy activities to do at home"
bei 535, ein Imprint von Blink Publishing, London
Übersetzung: Silvia Schröer
Coverfertigstellung: Sebastian Maiwind
CK · Herstellung: AJ
Satz: Meike Sellier
Druck: Alföldi Nyomda Zrt., Debrecen

ISBN 978-3-570-17690-0
Printed in Hungary

www.cbj-verlag.de

Für meine Familie, meine bessere
Hälfte Tania, die immer für mich da ist,
und meine Kinder Alex und Max,
weil sie aus mir den Vater machen,
der ich bin.

Inhalt

Über TheDadLab

Ich heiße Sergei Urban und ich habe zwei Söhne, Max und Alex. Sie wurden am selben Tag geboren – im Abstand von zwei Jahren. Vielleicht ähneln sie sich deshalb so – und wollen immer mit demselben Spielzeug spielen!

Ich bin kein Wissenschaftler oder Lehrer, ich bin Vollzeitpapa. Alex, Max und ich lieben kreative Spiele, Experimente, einfache Bastelarbeiten und Lernspielzeug. Das alles präsentieren wir auch auf TheDadLab.

Ich habe TheDadLab ins Leben gerufen, um unsere kreativen Projekte mit so vielen Eltern wie möglich zu teilen und sie anzuregen mehr Zeit mit ihren Kindern zu verbringen. Ich möchte Wissensdurst in diesen kleinen neugierigen Köpfen wecken und ihnen Wissen vermitteln. Das alles ist wie von selbst passiert, nachdem ich Vater geworden war. Ich hatte dabei nie irgendein großes Ziel vor Augen. Aber Menschen aus aller Welt schienen die Projekte, die ich postete, zu lieben, und inzwischen habe ich das große Glück, TheDadLab zu meinem Beruf machen zu können, sodass ich weiterhin viele fröhliche Stunden mit meinen Jungs verbringen kann, während meine bessere Hälfte und meine

Internet-Community mir gleichzeitig unglaublich viel Unterstützung zukommen lassen.

Ich hoffe, diese Projekte werden dich anspornen, es selbst zu versuchen und schöne gemeinsame Erinnerungen mit deinen Kindern zu schaffen. Ich wünsche dir begeisterte Kinderaugen, wenn du ihnen eine neue Überraschung enthüllst, die sie untersuchen und mit der sie spielen können. Alle Fotos in diesem Buch zeigen mich mit meinen zwei wunderbaren Söhnen bei unseren Projekten. Ich habe keine Töchter, aber wenn du welche hast, dann denk bitte nicht, dass all dies ausschließlich Jungskram ist. Jungen wie Mädchen werden gleichermaßen Spaß an diesen Projekten haben. Und außerdem brauchen wir in Zukunft Wissenschaftler aller Geschlechter, jeder Herkunft und aus allen Kulturkreisen.

Videos von diesen und anderen TheDadLab-Projekten findest du online unter www.thedadlab.com und auch auf Facebook, Instagram und YouTube @TheDadLab.

Viel Spaß und bitte teile alle Projekte, die du mit deinen Kindern ausprobiert hast, unter dem Hashtag #TheDadLab!

Vorwort – Kunst, Wissenschaft und Wunder

Seien wir ehrlich: Eltern haben wenig Freizeit. Also versuche ich immer Projekte zu finden, für die wir das Material bereits zu Hause haben, und die sowohl meinen Kindern als auch mir Spaß machen. Es ist mir wichtig, dass die TheDadLab-Projekte so einfach sind, dass man sogar für die ehrgeizigsten Experimente in diesem Buch kein besonderes Vorwissen braucht. Allerdings hoffe ich ganz stark, dass du deine Kinder – egal, ob Junge oder Mädchen, jung oder alt – dazu ermutigen kannst, selbst kreativ zu werden und die Experimente nach ihren eigenen Vorstellungen abzuwandeln. Denk aber immer daran, dass auch bei all dem in diesem Buch enthaltenen Spaß, Kinder die Aufsicht von Erwachsenen brauchen, um die Projekte durchzuführen.

Ich habe Hunderte von Projekten mit meinen Kindern gemacht, von klassischen Experimenten bis hin zu ein paar eimaligen Aktivitäten. In diesem Buch will ich euch 40 unserer bisher besten Projekte mit beeindruckenden Ergebnissen vorstellen.

Durch unsere Projekte bekommt ihr die Gelegenheit, gemeinsam Zeit miteinander zu verbringen und euch über interessante Dinge zu unterhalten. Der pädagogische Nutzen ist dabei ein Nebeneffekt. Ihr macht Sachen, die Spaß machen, und lernt noch dabei – so mögen wir das in unserer Familie.

Ich habe dieses Buch in sieben Kapitel unterteilt, weil verschiedene Situationen nach verschiedenen Projekten verlangen. Manchmal hast du vielleicht wenig Zeit und brauchst etwas, das schnell geht. Oder ihr seid alle zusammen in der Küche und du willst die Gelegenheit beim Schopfe packen und suchst dir hier und da etwas zusammen (am Ende des Buches findest du ein Küchenschrank-Register, sodass du schnell sehen kannst, was du für jedes Projekt brauchst.) Oder vielleicht haben deine Kinder Lust auf etwas Künstlerisches … In diesem Buch findest du alle möglichen Arten von Projekten, die du im Haus oder draußen im Garten machen kannst!

Viele Eltern haben nicht den Mut „wissenschaftliche" Experimente durchzuführen, weil sie glauben, dass sie selbst nichts von Wissenschaft verstehen. Tja, das musst du auch nicht. Erstens ist das Wichtigste an der Wissenschaft nicht, die Antworten zu kennen, sondern Fragen zu stellen. Das könnt ihr gemeinsam machen: „Ich frage mich, was passiert, wenn wir …?" Vielleicht verstehst du nicht voll und ganz, was bei einem Versuch vor sich geht – sollte das der Fall sein, dann lass dich nicht entmutigen. Auch Wissenschaftler verstehen so manches nicht voll und ganz oder gerade erst seit Kurzem. Das ist total okay – du darfst Fragen mit „Das weiß ich nicht" beantworten (vielleicht willst du aber noch ein „Wie können wir das herausfinden?" hinzufügen).

Außerdem habe ich dir ein paar Erklärungen geliefert. Und ich habe auch einige Vorschläge gemacht, wie die Sachen, die ihr beobachten und tun werdet, vielleicht für die Welt um euch herum wichtig sein könnten. Wie in der Wissenschaft: Augen offen halten und genau hinschauen. Und auch wie in der Wissenschaft: Niemand sagt, dass das keinen Spaß machen darf.

Viel Freude mit dem Buch!

Sergei Urban

Küche

Eierturm-
Abenteuer

Schaffst du es, die Eier ins Wasser fallen zu lassen,
ohne dass sie zerbrechen?

Du brauchst

✔ ein (oder mehrere) rohe Eier
✔ ein Glas mit Wasser
✔ einen Pappteller oder ein Stück feste Pappe
✔ eine leere Klopapierrolle

Du lernst

dass Gegenstände sich nicht fortbewegen, wenn sie nicht müssen (das nennt man Trägheit).

So lange dauert's

20 Minuten

Und so geht's

1

Leg den Teller oben auf ein halb volles Wasserglas. Stell die Klopapierrolle aufrecht in die Mitte des Tellers.

2

Leg das Ei obendrauf und achte darauf, dass es auf der Seite liegt, damit es nicht in der Rolle stecken bleibt.

3

Gib dem Teller mit deiner Hand einen kräftigen Schubs von der Seite.

4

Die Rolle fliegt weg, aber das Ei sollte direkt nach unten ins Wasser fallen.

5

Leg ein Blatt Papier auf einen Tisch und stelle einen Pappbecher kopfüber darauf. Jetzt zieh langsam an dem Blatt und sieh mal, ob du den Becher mitziehen kannst. Und dann zieh ganz schnell an dem Blatt. Was glaubst du, warum die Wirkung eine andere ist?

?

Wenn du mutig bist, dann versuch es mit zwei oder drei Eiern gleichzeitig, jedes auf seiner eigenen Rolle, auf seinem eigenen Wasserglas, alle aufgereiht auf einem einzigen Stück Pappkarton.

6

Wenn der Schubs nicht kräftig oder exakt genug ist, fallen die Eier vielleicht nicht gerade nach unten. Also rechne mit etwas Sauerei (oder nimm hart gekochte Eier mit Schale).

7

Was ist hier los?

Du vermutest, dass die Eier mit dem Teller zur Seite fliegen, stimmt's? Aber alle Gegenstände haben eine Eigenschaft, die man Trägheit nennt, und das heißt, dass sie Widerstand leisten gegen die Richtung, in die sie bewegt werden. Stell dir ein schweres Gewicht vor, das an einem Seil hängt – zum Beispiel ein Boxsack oder eine Schaukel. Du musst fest schubsen, um sie in Bewegung zu versetzen. Dieser „Widerstand" ist die Trägheit.

Die Trägheit der Eier bewirkt Folgendes: Wenn der Teller seitwärtsgeschubst wird und das untere Ende der Klopapierrolle mit sich reißt, dann „will" das Ei oben bleiben, wo es ist. Die Rolle fällt zwar um, aber das Ei bewegt sich nicht mit ihr seitwärts. Doch jetzt ist da nichts mehr, um das Ei oben zu halten! Und so zieht die Schwerkraft es direkt nach unten ins Wasser.

Für Schlauberger

Trägheit bedeutet nicht nur, dass es schwierig ist, etwas in Bewegung zu versetzen, wenn es stillsteht. Es gilt auch andersherum: Wenn sich etwas erst mal in Bewegung befindet, ist es schwierig, es wieder anzuhalten. Darum bewegt sich dein Körper ein wenig vorwärts, wenn du in einem Zug stehst und der anhält. Wenn du nicht hinfallen willst, musst du dich also festhalten. Wenn ein Zug ganz plötzlich stehen bleibt, fliegt vielleicht alles, was auf einem Tisch liegt – Bücher, Getränke, belegte Brote – nach vorn. Ups!

Trägheit ist also kein Widerstand gegen Bewegung, sondern Widerstand gegen eine Bewegungsänderung. Veränderung ist immer ein bisschen schwierig, stimmt's?

Durch Trägheit kann ein Auto in einer Reifenspur weiter in Bewegung bleiben, auch wenn die Reifen aufhören sich zu drehen.

Auch einen Versuch wert

Bevor ihr auf Reisen geht, stell eine Schuhschachtel hinten ins Auto und lege einen kleinen Ball in die Mitte. Wenn das Auto sich in Bewegung setzt, beobachte, wie sich auch der Ball in Bewegung setzt. Tatsächlich versucht der Ball, am selben Ort zu bleiben.
Du kannst auch Zeitschriften zu einem Stapel aufschichten und versuchen, eine schnell aus der Mitte herauszuziehen.

Der unsichtbare Feuerlöscher

Puste Flammen mit etwas aus, das du weder fühlen noch sehen kannst

Du brauchst

✔ eine Tasse Essig
✔ Natriumkarbonat
  (Backpulver)
✔ zwei hohe Gläser
✔ eine Reihe Teelichte

Du lernst

eine sehr wichtige Lektion:
Wie Kohlendioxidgas
Flammen löscht und wann
man es verwendet!

So lange dauert's

15 Minuten

Und so geht's

1

Zünde die Teelichte in einer
Reihe an.

2

Fülle ein Glas etwa zwei Zentimeter
hoch mit Essig.

3

Füge einen gehäuften Teelöffel
Natriumkarbonat hinzu. Es wird
sprudeln – aber hoffentlich nicht
über den Glasrand hinaus.

Neige das Glas, als würdest du die Flüssigkeit in das andere Glas schütten wollen – aber kippe nichts von der sprudelnden Flüssigkeit aus. Etwas kommt heraus: ein Gas.

„Schütte" das anscheinend leere Glas über die Reihe Kerzen. Sie werden ausgepustet.

Wenn du noch mehr „Feuerlösch-gas" brauchst, um alle Kerzen auszupusten, kannst du noch mehr einsammeln, solange die Mischung noch sprudelt.

Wann solltest du einen CO_2-Feuerlöscher benutzen?

Was hat die größere Dichte: Luft oder CO_2?

Was ist hier los?

Essig und Natron reagieren chemisch miteinander und produzieren Kohlendioxidgas (CO_2) – darum sprudelt es. Du kannst das Gas nicht sehen, aber es tritt in die Luft aus. Kohlendioxid hat allerdings eine größere Dichte (mehr über Dichte erfährst du auf S. 63), also sinkt es. Wenn du das sprudelnde Glas über das leere Glas neigst, dann fließt das Kohlendioxid in das leere Glas, wo es bleibt, weil die Luft es hinunterdrückt. (Mit der Zeit vermischen sich die Gase – aber so lange wartest du nicht.)

Wenn du das mit Kohlendioxid gefüllte Glas über die Teelichte schüttest, fließt das Gas erneut nach unten, also auf die Flammen. Es schubst die Luft, die aus Sauerstoff und anderen Gasen besteht, aus dem Weg und legt sich kurzfristig wie eine „Decke" über die Kerzen. Ohne Sauerstoff können Flammen nicht brennen – und darum gehen sie aus.

Für Schlauberger

Genau aus diesem Grund verwenden einige echte Feuerlöscher Kohlendioxid: Das Gas, das aus der Düse kommt, legt sich wie eine Decke über das Feuer und löscht den Brand. Andere Feuerlöscher verwenden Trockenpulver oder Schaum als „Decke", damit keine Luft an die Flammen kommt, oder einfach Wasser – wie beim Feuerwehrschlauch – zum Löschen.

Kohlendioxid-Feuerlöscher enthalten das fertige Gas unter hohem Druck. Sie sind gut gegen Feuer, das durch elektrische Geräte verursacht wurde – du solltest kein Wasser oder nassen Schaum verwenden, um diese Feuer zu löschen, weil Wasser Elektrizität leitet und es so einen Stromschlag geben kann.

Auch einen Versuch wert

Nimm eine Flasche und fülle sie etwa zwei Zentimeter hoch mit Essig. Fülle mit einem Trichter zwei gehäufte Teelöffel Natriumkarbonat in einen Luftballon. Dann stülpe die Ballonöffnung über den Flaschenhals, ohne dabei das Natron zu verschütten, und lasse den Ballon am Hals herunterhängen. Jetzt soll dein Kind den Ballon hochziehen, sodass das Natron in den Essig fällt. Was passiert? Warum?

Ein Kohlendioxid-Feuerlöscher. Beachte das schwarze Etikett, auf dem „CO_2" (Kohlendioxid) steht – es ist wichtig, den passenden Feuerlöscher zum passenden Feuer zu haben.

Auf Eiern laufen

Finde heraus, wie stark Eierschalen sind

Du brauchst

✔ mehrere Eierkartons: am besten zwei Kartons mit je zwölf Eiern

Du lernst

dass Eier nicht so zerbrech-lich sind, wie sie aussehen.

So lange dauert's

10 Minuten

Wasch deine Hände und Füße nach diesem Experiment mit Seife und warmem Wasser.

Und so geht's

Stell die Eier in den Kartons auf den Boden und achte darauf, dass alle Eier aufrecht mit der Spitze nach oben stehen.

1

Stell dich barfuß auf die Eier ...

2

... und mach dir keine Sorgen!

3

Wenn Eier ein Kind tragen können, können sie dann auch das Gewicht eines Erwachsenen tragen?

4

5

?

Können dich auch halb so viele Eier tragen? Wenn du mutig bist, dann versuch mal ein Bein anzuheben, während du auf den Eiern stehst!

6

Auch einen Versuch wert

Wir halten Eier für zerbrechlich, weil sie leicht kaputtgehen, wenn man sie fallen lässt oder auf sie draufhaut. Aber kannst du eins durch Quetschen kaputtmachen? Bitte dein Kind, es über einer Spüle zu versuchen. Es soll das Ei in eine Hand nehmen und so fest zudrücken, wie es kann.

Was ist hier los?

Die Redewendung „wie auf Eiern laufen" spielt darauf an, wie zerbrechlich Eier sind. Und wir alle haben das schon gemerkt, wenn wir ein rohes Ei auf den Boden fallen lassen. Und doch können Eier das Gewicht eines erwachsenen Mannes tragen, ohne zu zerbrechen!

Als Erstes musst du dir klarmachen, dass dein Gewicht auf alle Eier, auf denen du stehst, verteilt ist: Wenn deine Füße je sechs Eier berühren, dann kann man grob sagen, dass jedes Ei nur ein Zwölftel deines Gewichts trägt.

Aber selbst das ist ja ganz schön viel! Es ist die Form des Eis, die es überraschend stabil macht, wenn Druck aus der richtigen Richtung auf es ausgeübt wird. Die beiden Enden, vor allem das spitzere, sind stärker abgerundet und funktionieren wie ein Bogen. Der Bogen verteilt das Gewicht über die gesamte Fläche, sodass die Spannung sich nicht nur auf einen Punkt konzentriert. Darum verwendet man Bogen zum Beispiel für Gewölbedecken in Kirchen und Kathedralen oder auch für Brücken.

Das Problem sind diese Spannungskonzentrationen. Wenn du ein Ei mit einem Messer anhaust, dann konzentriert sich die gesamte Kraft auf den Punkt, wo das Messer auf die Schale trifft, und das führt zu einem Riss. Aber wenn ein Gewicht – z.B. ein Fuß – auf den Scheitelpunkt der Eierschale gelegt wird, dann verteilt sich die Spannung gleichmäßig über die Schale.

Für Schlauberger

Schalen sind oft ganz schön robust. Eierschalen sind vergleichsweise schwach, weil sie nur als vorübergehendes Zuhause für ein Küken gedacht sind. Das Küken muss sich ja schließlich einen Weg nach draußen picken, wenn es groß genug ist. Aber für Tiere wie Schnecken, Krebse und Austern ist die Schale ein Schutzpanzer, mit dem sie sich gegen Feinde verteidigen, und deshalb sind sie stark und robust.

Eine Austernschale (Perlmutt) ist besonders widerstandsfähig und bricht nicht so leicht, weil sie sich ähnlich wie Sperrholzplatten aus mehreren übereinanderliegenden Schichten zusammensetzt. Wenn in einer dieser harten Schichten ein Riss entsteht, kommt er nur so weit, bis er an die Grenze der nächsten Schicht stößt – und an dieser Stelle ist es für den Riss einfacher, sich seitlich auszubreiten, wobei seine Energie verbraucht wird. Ein Riss hat es also schwer, alle Schichten zu durchdringen. Diesen Schichtenaufbau haben wir Menschen uns abgeschaut, um z.B. Rüstungen aus ultraleichten Materialien zu bauen.

Die Schichtstruktur von Perlmutt

Selbst gemachte Butter

Ein Experiment zum Essen

Du brauchst

✔ 250 ml Sahne
✔ ein großes Glas mit
   Schraubdeckel

Du lernst

wie man Butter macht.

So lange dauert's

20 Minuten

Und so geht's

Gieß die Sahne ins Glas und schraub
den Deckel fest zu.

1

Jetzt ganz fest schütteln! Hilf deinem
Kind beim Schütteln, wenn er oder
sie es nicht lange durchhält.

2

Du kannst den Deckel hin und wieder abnehmen, um deinem Kind zu
zeigen, was passiert. Irgendwann
wird die Sahne dicker.

3

4

Schließlich wird sie so dick, dass ein fester gelblicher Klumpen entsteht. Das ist die Butter.

5

Eine kleine Menge flüssiger Molke bleibt übrig.

6

Die Butter kann jetzt aus dem Glas herausgeschüttelt werden ...

7

... und direkt auf eine Scheibe Brot, Toast oder Cracker geschmiert werden. Guten Appetit!

? Wusstest du, dass der Schmelzpunkt von Butter nah an der Temperatur in unserem Mund liegt und sie darum so lecker cremig schmeckt, wenn du sie isst?

Was ist hier los?

Genauso funktioniert die traditionelle Herstellungsweise von Butter: Die Sahne wird in einem Fass geschlagen, indem man an einem Griff dreht und dreht.

Milch und Sahne enthalten Tropfen öligen Milchfetts (etwa 5-10 Prozent bei Milch und 15-25 Prozent bei Sahne). Sie lösen sich nicht vollständig auf, wie es etwa bei einem Salatdressing der Fall ist (siehe S. 167), weil in der Milch Moleküle sind, die sich um die Oberfläche der Fettkügelchen legen. So bildet sich eine Art Membran, die verhindert, dass die Fettkügelchen verklumpen.

Aber durch Schütteln oder Rühren bricht diese Membran auf. Die Fettkügelchen bleiben aneinander kleben und bilden einen festen Klumpen. In der Molkerei wird dieser gepresst, um überschüssige Flüssigkeit herauszudrücken und die feste Butter zu erhalten, die du abgepackt kaufen kannst.

Für Schlauberger

Die winzigen Fettkügelchen, die in Milch und Sahne schwimmen, lassen diese weiß aussehen. Das Fett selbst ist farblos, aber diese kleinen Kügelchen oder Partikel „streuen" die Lichtstrahlen und senden sie in alle Richtungen. Tageslicht („weißes Licht") prallt also direkt von der Milch ab, ohne sie durchdringen zu können, genauso wie bei weißem Papier.

Die Lichtstreuung durch winzige Tropfen von Wasser in der Luft lässt auch Wolken und Nebel milchig und weiß erscheinen, obwohl das Wasser in den Tropfen selbst durchsichtig ist. Wenn die Wolken oder der Nebel sehr spärlich sind, scheint der größte Teil des Lichts durch sie hindurch, aber ein Teil wird immer noch gestreut. So entstehen die sichtbaren „Sonnenstrahlen", die du manchmal aus den Wolken hervortreten siehst. Durch denselben Effekt werden Taschenlampenstrahlen sichtbar, wenn sie durch Nebel oder Rauch leuchten (der aus winzigen lichtzerstreuenden Rußpartikeln besteht).

Auch einen Versuch wert

Wenn du jetzt also deine eigene Butter hergestellt hast, lass uns damit ein Experiment durchführen. Schauen wir mal, wie unterschiedliche Materialien Wärme leiten. Nimm Holz-, Plastik- und Metalllöffel und schaufle einen kleinen Klumpen Butter auf jeden Löffelstiel. Dann lege die Löffel in eine Schüssel, sodass die mit Butter beschmierten Enden auf dem Rand liegen, und fülle die Schüssel mit kochendem Wasser. Beobachte, welcher Klumpen zuerst schmilzt – daran siehst du, welche der drei Materialien Wärme am besten leitet. Was glaubst du, welches es sein wird?

Lichtstreuung durch winzige Wassertropfen in der Luft führt zu spektakulären Sonnenstrahlbildern.

Ketchup-Taucher

Er steigt und sinkt auf Befehl!

Du brauchst

✔ ein Tütchen Ketchup
✔ Wasser
✔ eine große, durchsichtige
   Plastikflasche mit Deckel

Du lernst

wie Druck die Dichte von
Luft verändert.

So lange dauert's

15 Minuten

Und so geht's

Quetsch das Tütchen durch
den Flaschenhals, sodass es
hineinfällt.

1

2

Füll die Flasche mit Wasser,
bis sie überläuft. Das Ketchup-
tütchen schwimmt nach oben.
Wenn es nicht schwimmt, musst
du ein anderes Tütchen nehmen.

3

Schraub den Deckel vorsichtig zu und pass auf, dass keine Luftblase in der Flasche bleibt.

Wenn du die Flasche jetzt feste drückst, sinkt der Ketchup zu Boden.

4

Lass los und der Ketchup steigt wieder auf.

5

Auch einen Versuch wert

Hier ist noch ein Experiment, um den Auftrieb eines Gegenstandes zu beeinflussen. Füll ein großes Glas oder eine Vase mit Wasser und gib eine Orange hinein. Schwimmt oder sinkt sie?

Jetzt schäl sie (oder eine andere) und leg sie hinein. Was passiert diesmal? Was glaubst du, warum die Orangen verschieden reagieren?

Was ist hier los?

Der Ketchup hat eine größere Dichte als Wasser. Wenn das Tütchen komplett mit Ketchup gefüllt wäre, würde es sinken. Das ist es aber nicht – normalerweise ist auch immer eine kleine Luftblase in dem Tütchen und das gibt ihm Auftrieb: die gemeinsame Dichte von Ketchup plus Luft plus Plastikverpackung ist geringer als die von Wasser, also schwimmt es.

Wenn du die Flasche drückst, wird das Wasser zusammengepresst, aber es schrumpft nicht wirklich: Wasser kann man nicht so leicht zu einem kleineren Volumen zusammenpressen. Aber der Druck wird auch auf das Tütchen übertragen und die Luftblase lässt sich viel leichter zusammenpressen als Wasser – sie schrumpft tatsächlich. Das Volumen wird also kleiner, während die Masse der Luftblase dieselbe bleibt. Das heißt, sie hat jetzt eine größere Dichte und deshalb ist die Gesamtdichte des Tütchens nun größer als die des Wassers und es sinkt.

Der Schlüssel liegt also darin, dass Luft (bzw. Gas generell) sich leichter zusammenpressen lässt als Wasser (bzw. Flüssigkeit generell).

Ein kontrollierter Auftrieb ist beim Tauchen wichtig.

Für Schlauberger

Auftriebskontrolle ist beim Tauchen wichtig. Taucher verwenden Gewichte, die ihnen dabei helfen, im Wasser unterzugehen, denn der menschliche Körper hat wegen seiner mit Luft gefüllten Lungen ziemlich viel Auftrieb. Doch um wieder aufzusteigen oder um die Geschwindigkeit des Abstiegs zu regulieren, benutzen Taucher eine Auftriebskontrolle, und zwar aus am Körper befestigten Ballons – normalerweise in Form einer Weste. Diese wird über einen Druckluftzylinder mit Luft befüllt und diese Luft sorgt für Auftrieb. Um den Auftrieb wieder zu senken, kann die Luft vorsichtig abgelassen werden.

Für einen sicheren Tauchgang ist es sehr wichtig, die Kunst der Auftriebskontrolle zu beherrschen. Du musst den Auftrieb anpassen können, um in der von dir gewünschten Tiefe zu bleiben (denk daran, dass der Wasserdruck höher wird, je tiefer du tauchst), und auch, um mit der richtigen Geschwindigkeit auf- und abzutauchen. Wenn ein Taucher zu schnell aufsteigt, kann der nachlassende Druck des Wassers um ihn herum dazu führen, dass im Blut gelöste Gase Bläschen bilden, die Schmerzen („Taucherkrankheit" genannt) und Atemprobleme verursachen können.

Kannst du einen Gegenstand schwimmen lassen, indem du nur seine Form veränderst? Nimm ein Stück Alufolie oder Knete für dieses Experiment.

Kohlkopf-Farbwechsler

Rotkohl oder Blaukohl?

Du brauchst

✔ ein paar Blätter Rotkohl
✔ Essig
✔ eine Zitrone (den Saft)
✔ 1 Liter Wasser, plus etwas mehr zum Verdünnen
✔ zwei kleine Gläser oder Tassen
✔ Backpulver und Waschpulver, beides in kleinen Schüsseln mit jeweils einem Teelöffel
✔ einen Mixer
✔ einen Krug
✔ ein Sieb
✔ fünf durchsichtige Plastikbecher oder Gläser
✔ zwei Pipetten
✔ Schutzbrille

Du lernst

wie durch Säuren und Laugen einige Stoffe ihre Farbe verändern.

Anmerkung: Da es sich hier um ein chemisches Experiment handelt, empfiehlt es sich, deinem Kind eine Schutzbrille aufzusetzen. Ein danebengegangener Spritzer Zitronensaft im Auge brennt!

So lange dauert's

40 Minuten

Und so geht's

Schütte den Liter Wasser in den Mixer. Gib die roten Kohlkopfblätter dazu.

Mix das Ganze, bis es flüssig ist, und lass es durch ein Sieb laufen.

Stell die Gläser in einer Reihe auf und fülle etwa 3 cm der gesiebten Flüssigkeit in jedes Glas.

Fülle jedes Glas bis etwa 3 cm unter den Rand mit Wasser auf. Die Flüssigkeit im Glas sollte nicht zu dunkel werden, damit der Farbwechsel besser zu sehen ist, also verdünne sie, wenn nötig.

Schütte Essig in ein kleines Glas und presse den Saft einer halben Zitrone in ein anderes.

Bitte dein Kind, mit den Pipetten Essig und Zitronensaft in unterschiedliche Gläser mit Kohlkopfsaft zu träufeln. Beobachtet, was passiert!

Wenn du magst, gib noch etwas Wasser in das mittlere Glas – der Inhalt ist „neutral", weder Säure noch Lauge.
Jetzt gib je zwei Teelöffel Backpulver und Waschpulver in zwei der anderen Gläser mit Kohlkopfsaft.

Und was geschieht jetzt mit der Farbe des Saftes?

Auch einen Versuch wert

Probiere das Ganze mit anderen Flüssigkeiten in der Küche aus. Welche Farben ergeben sie? Sorge dabei nur dafür, dass du dein Kind die ganze Zeit beaufsichtigst.

Was ist hier los?

Der rote Saft von Kohl enthält einen Stoff, den man Indikator nennt und der seine Farbe verändert, je nachdem ob es sich um eine Lauge oder eine Säure handelt. Dieser Stoff im Rotkohl heißt Anthozyan. Je saurer etwas ist, desto mehr geht er ins Rötliche. Je alkalischer, desto grünlich-blauer. Wenn etwas weder sauer noch alkalisch ist (sondern neutral), ist er violett.

Der Farbwechsel hier passiert, weil Zitronensaft und Essig sauer sind, Backpulver und Waschpulver aber alkalisch. Die Schattierungen können leicht unterschiedlich sein, weil Zitronensaft ein klein wenig saurer ist als Essig und Waschpulver ein klein wenig alkalischer als Backpulver.

Vielleicht ist dir ein anderer Indikator besser bekannt: Lackmus. Er wird aus einer Stoffmischung gewonnen, die sich in einigen Flechten findet. Damit werden oft Papierstreifen getränkt, die man dann in eine Flüssigkeit tunken kann, um zu prüfen, ob sie sauer oder alkalisch ist. Wie Anthozyan färbt sich Lackmus in Säuren rötlich und in Laugen leicht grünlich-blau. In neutralem Zustand hat Lackmuspapier normalerweise eine gelbliche Farbe.

> Es gibt ein paar Pflanzen, die dasselbe können, was Rotkohl in diesem Experiment kann. Versuch doch mal, eine Lösung aus Kirschen, roten Zwiebeln, Erdbeeren oder Kurkuma herzustellen, und vergleiche, ob sie genauso die Farbe wechselt. **?**

Für Schlauberger

Farbwechsel-Indikatoren kommen in Pflanzenpigmenten ziemlich oft vor – sie verleihen Blüten und Blättern ihre Farbe. Einige Blumen, die diese Stoffe enthalten, haben je nachdem, ob sie auf saurem Boden (z.B. Torf) oder alkalischem Boden (Lehm) wachsen, Blüten in unterschiedlichen Farben.

Hortensien wechseln ihre Farben entgegengesetzt zu Rotkohl: Bei sauren Böden sind die Blüten normalerweise blau und bei alkalischen Böden rosa oder rot. Du kannst also etwas über die chemische Zusammensetzung deines Bodens sagen, einfach indem du diese natürlichen Indikatoren anpflanzt.

Hortensien sind in sauren Böden oft blau und in alkalischen Böden rosa.

Seltsam

Selbst gemachter Magnet

Wie man einen Nagel mithilfe von Strom
in einen Magneten verwandelt

Du brauchst

✔ einen großen Eisennagel
✔ etwa 40 cm dünnen isolierten Kupferdraht, an dessen Enden jeweils etwa 5 cm Draht freiliegen
✔ eine Batterie Typ C
✔ ein kleines Stück Pappe von etwa 10 x 3 cm
✔ Klebeband
✔ einen Stapel Büroklammern

Du lernst

wie durch Elektrizität Magnetismus entsteht.

So lange dauert's

30 Minuten

Und so geht's

1

Der Nagel ist nicht magnetisch – also kann man mit ihm auch keine Büroklammern aufheben, stimmt's?

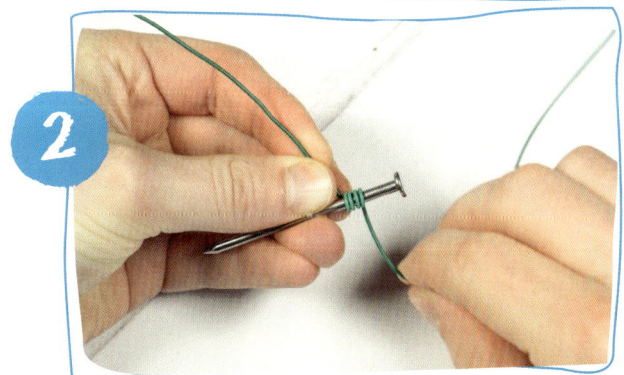

2

Wickle den Draht fest um den Nagel und lass an jedem Ende 10 cm Draht überstehen.

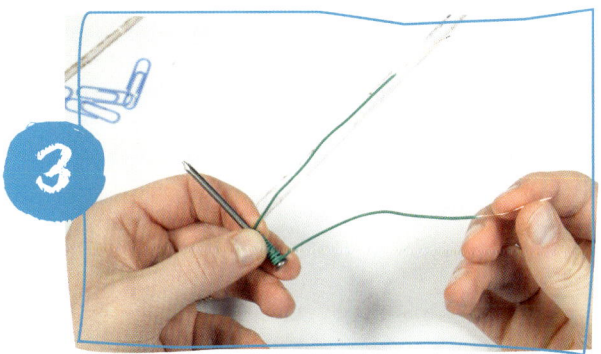

3

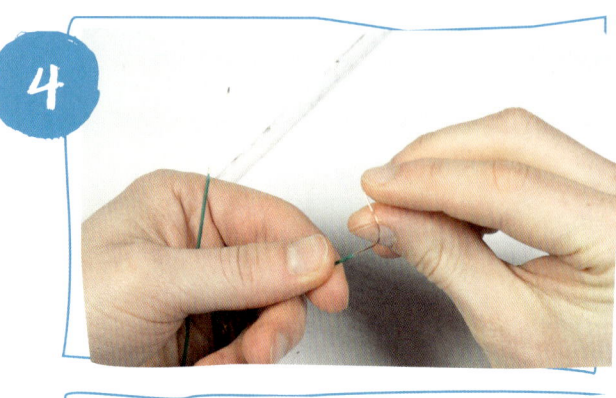

Biege die überstehenden Draht-
enden zu einer Schlaufe.

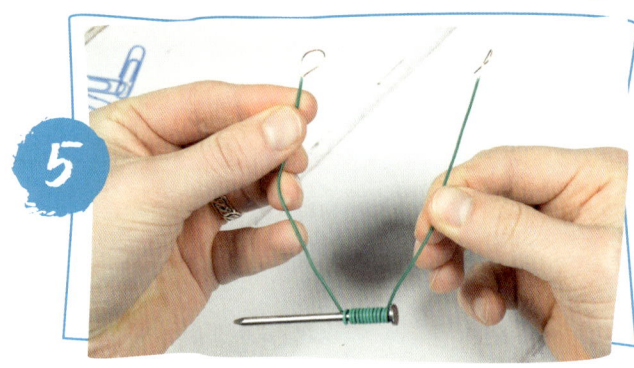

Leg die Batterie in die Mitte des
Pappstreifens und befestige sie
mit einem Klebestreifen.

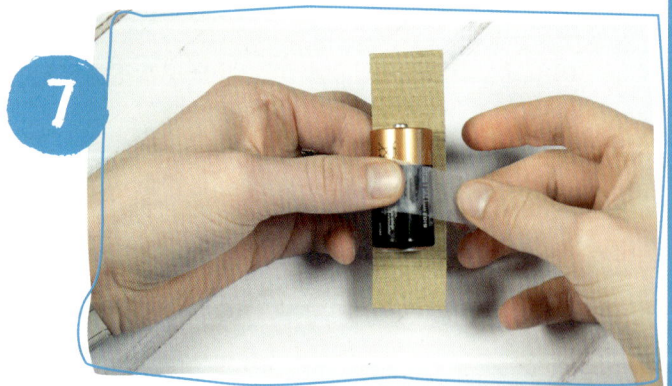

Befestige eine Drahtschlaufe mit dem Klebeband am flachen (Minus-) Ende der Batterie.

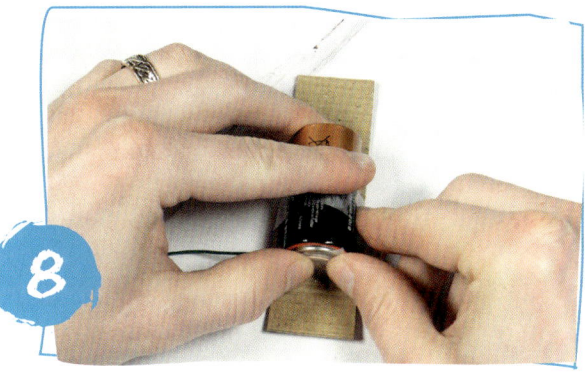

Knicke die Pappe am „freien" (Plus-) Ende der Batterie nach oben und drücke sie fest an, sodass eine kleine Delle in der Pappe entsteht und du sehen kannst, wo sie die Mitte der Batterie berührt.

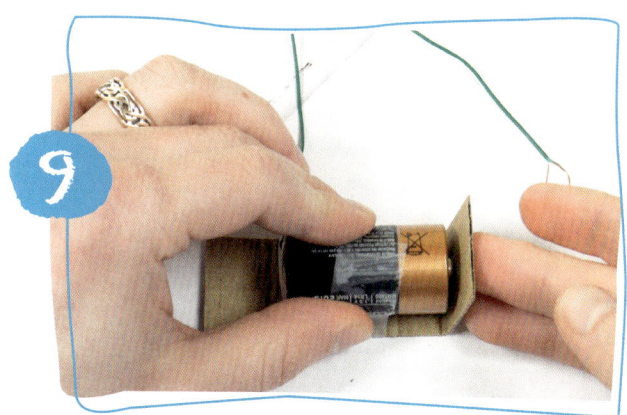

Jetzt klapp sie wieder herunter und klebe das andere Ende des Drahtes auf der Pappe fest. Pass aber auf, dass die Schlaufe unbedeckt bleibt, damit sie die Batterie berührt, wenn du die Pappe wieder nach oben klappst.

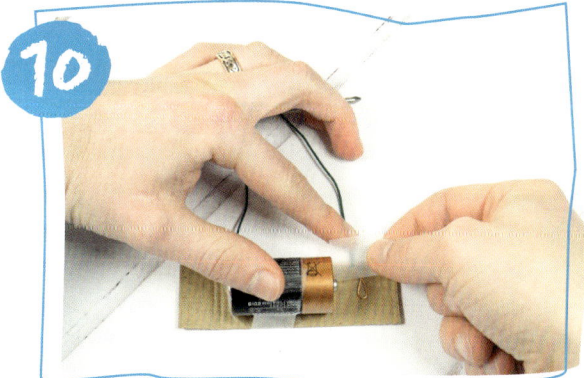

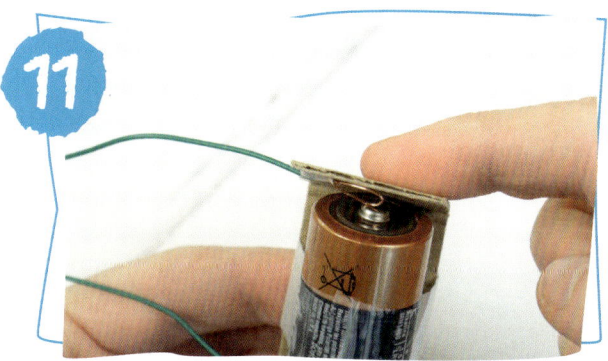

Halte den Nagel knapp über die Büroklammern und drücke die Pappklappe nach unten, sodass der Draht den Pol der Batterie berührt.

Achtung: Den Draht nicht länger als 10 Sekunden mit der Batterie verbinden. Er kann sehr heiß werden.

Was passiert jetzt mit den Büroklammern?

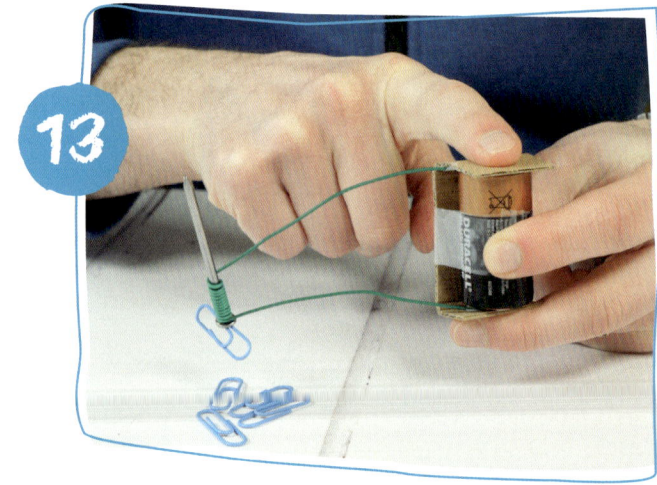

Was passiert, wenn du die Klappe wieder loslässt und den Kontakt unterbrichst?

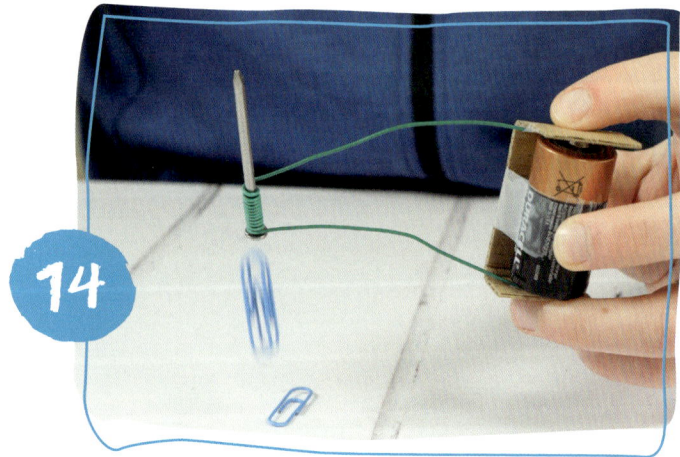

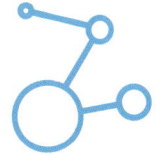

Was ist hier los?

Du hast einen Elektromagneten hergestellt: Einen Magneten, der durch Elektrizität an- und ausgeschaltet wird.

Elektrizität und Magnetismus gehören eng zusammen. Wenn elektrischer Strom durch einen Draht fließt, erzeugt er ein magnetisches Feld um diesen herum. Diese Magnetfelder wurden Anfang des 19. Jhd. von dem dänischen Wissenschaftler Hans Christian Oersted entdeckt. Je enger man den Draht wickelt, umso stärker wird dieses Magnetfeld. Und durch das vom Strom erzeugte Magnetfeld wird der Eisennagel magnetisch.

? Funktioniert dein Elektromagnet noch, wenn du den Nagel herausnimmst? Um zu überprüfen, ob das Magnetfeld immer noch da ist, leg einen Kompass daneben und beobachte, ob die Nadel reagiert, wenn du die Drähte an die Batterie anschließt.

Auch einen Versuch wert

Nimm einen längeren Draht und wickle mehr Windungen um den Nagel. Welche Auswirkung hat das auf die Stärke des Elektromagneten? Und auf die Anzahl an Büroklammern, die der magnetische Nagel aufheben kann?

Für Schlauberger

Elektromagnete finden in unserem Alltag häufig Verwendung. Aber schauen wir uns doch mal magnetische Kräne genauer an.

Sie heben Metallgegenstände mithilfe eines großen, starken Elektromagneten an: ein Magnet, der genau wie in diesem Experiment, ein- und ausgeschaltet werden kann. So lässt sich das Problem, wie der Magnet die eingesammelten Sachen wieder freigibt, lösen. Solche Kräne werden auf dem Schrottplatz eingesetzt, um Metallschrott zu transportieren: Sie heben die Sachen (z.B. ein kaputtes Auto) an einer Stelle hoch, drehen sich dorthin, wo sie sie wieder fallen lassen wollen, und wenn der Magnet abgeschaltet wird, regnet es Metallabfall.

Ein elektromagnetischer Kran, der nach Metallschrott angelt.

Luftballon-Waage

**Luft hat ein Gewicht
und so lässt es sich beweisen**

Du brauchst

✔ zwei identische Luftballons
✔ drei Schnüre, je etwa
   30 cm lang
✔ einen langen Schaschlikspieß
✔ eine Nadel oder einen
   Cocktailspieß

Du lernst

dass Luft etwas wiegt.

So lange dauert's

15 Minuten

Und so geht's

Puste einen Luftballon auf.

Verknote das Ende.

Binde ein Stück Schnur daran fest.

Mach das Gleiche mit dem
anderen Luftballon und puste ihn
zu etwa derselben Größe auf.

Binde Schlaufen in die Schnüre, sodass du beide Luftballons an den Enden des Schaschlikspießes befestigen kannst.

Binde die dritte Schnur in der Mitte des Spießes fest und schiebe sie zurecht bis beide Ballons im Gleichgewicht sind.

Stich mit dem Cocktailspieß ein Loch in den einen Luftballon. Und zwar dicht am Knoten, sodass der Ballon nicht gleich zerplatzt.

Halte die Waage hoch, während die Luft entweicht; die baumelnden Ballons drehen sich.

Befinden sie sich immer noch im Gleichgewicht, wenn die Luft aus dem einen Ballon entwichen ist?

Stich bei dem einen Luftballon ein Loch dicht am Knoten und bei dem anderen eins in die Seite. Ist das Ergebnis anders?

Was ist hier los?

Uns kommt es vielleicht so vor, als würde Luft nichts wiegen, aber so ist es nicht. Schließlich ist Luft nicht nichts: Sie besteht aus Molekülen verschiedener Gase, vor allem aus Sauerstoff und Stickstoff. Es stimmt, dass Luft sehr viel weniger Moleküle hat als dasselbe Volumen an Holz oder Brot – aber sie sind da und sie wiegen etwas. Wenn man also die Luft größtenteils aus einem der Ballons herauslässt, dann wiegt er weniger als der andere.

Auf eine vereinfachte Formel gebracht, kann man sagen, dass 1 Kubikmeter Luft ungefähr 1 Kilogramm wiegt. Und das Gewicht der Luft übt natürlich auch einen Druck aus. Auf unseren Körpern lastet pro Quadratzentimeter ein Gewicht von 1 Kilogramm. Das sind bei einem Menschen durchschnittlich 17 Tonnen, so viel wie 3 bis 4 ausgewachsene Elefanten!

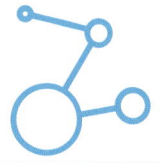

Für Schlauberger

Heißluftballons steigen auf, wenn die Luft in ihnen wärmer ist als die Luft um sie herum. Wiegt warme Luft also weniger? Nicht ganz. Wie viel Luft wiegt, hängt davon ab, wie viel du davon hast – genau wie bei Zucker oder Wasser. Wenn Luft sich erwärmt, ändert sich nicht ihr Gewicht, sondern ihre Dichte (wie viel ein bestimmtes Volumen wiegt).

Luft dehnt sich aus, wenn sie erwärmt wird. Wenn der Gasbrenner eingeschaltet wird, um die Luft im Ballon zu erwärmen, dehnt sie sich aus und ein Teil davon tritt aus der Ballonöffnung. Also ist weniger Luft im Ballon und das Gesamtgewicht ist geringer. Dadurch wird der Ballon leichter als die Luft um ihn herum und steigt auf. Wenn er sich wieder abkühlt, zieht die Luft in seinem Inneren sich zusammen und mehr Luft strömt nach – also sinkt er. So steuert ein Ballonfahrer das Auf- und Absteigen seines Ballons.

Auch einen Versuch wert

Was passiert, wenn du die Lufttemperatur in einem geschlossenen Behälter wie z.B. einer Plastikflasche veränderst? Leg eine leere, verschlossene Plastikflasche für 5 Minuten ins Gefrierfach und schau nach, was passiert. Du kannst auch eine offene Plastikflasche hineinlegen, nach 5 Minuten herausnehmen und zusammendrücken, die Flasche dann verschließen und in die Sonne legen. Während die Temperatur in der Flasche steigt, dehnt sich die Luft aus und drückt gegen die Wände. Druck, Dichte und Temperatur eines Gases hängen also zusammen.

Wenn die Luft in einem Heißluftballon erhitzt wird, verringert sich ihre Dichte und der Ballon steigt auf.

Elektrische Zeichnung

Zeichne einen Stromkreis und bring damit eine Glühbirne zum Leuchten

Du brauchst

✔ einen weichen Bleistift:
  6B eignet sich gut
✔ ein Blatt Papier DIN A4
✔ eine 9-V-Block-Batterie
✔ 5 mm rote LEDs (licht-
  emittierende Dioden) aus
  dem Elektrofachgeschäft
  oder dem Internet
✔ Klebeband

Du lernst

dass das Grafit im
„Blei" des Stiftes
Elektrizität leitet.

So lange dauert's

15 Minuten

Und so geht's

1

Zeichne drei Linien, parallel zueinander, aber gestaffelt, und drei weitere genau entgegengesetzt, als wären sie gespiegelt.

2

Verbinde die Linien zu einem Weihnachtsbaum, lass aber eine Lücke an der Spitze. Der „Stamm" des Baums sollte so breit sein wie die beiden Pole an der Batterie (etwa 1 cm).

Mach die Linien dicker.

3

Fahr die Linien mit festem Druck nach, bis sie kräftig schwarz glänzen.

Bieg die Beine der LED auseinander, sodass sie auf die Spitze des „Baumes" passen.

Kleb die LED fest, sodass ihre
Beine die Bleistiftlinien berühren.

Das längere Bein der LED ist
Plus „+", das kürzere Minus „-".
Beschrifte die jeweilige Linie
am anderen Ende mit „+" und „-".

4

Stell die Batterie mit dem Plus-
und dem Minus-Pol auf den
Stamm des „Baumes", sodass der
Plus-Pol auf dem „+" des Baumes
und der Minus-Pol auf dem „–"
liegen. Die Batteriepole müssen
die Linien berühren.

5

Leuchtet die LED auf?
Jetzt platziere die Batterie
weiter nach oben auf den
„Engstellen" im Baum.
Leuchtet sie heller?

6

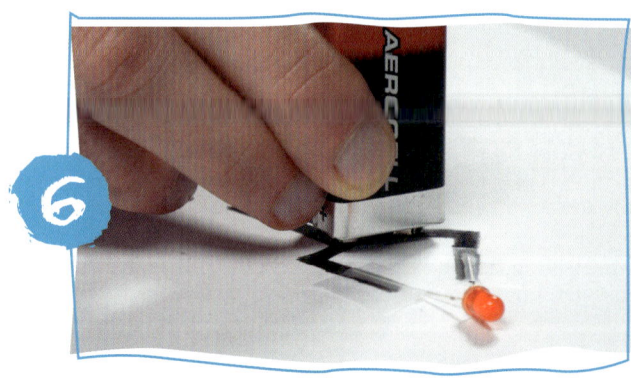

Vielleicht siehst du das Leuchten
des LED-Lichts besser, wenn du
das Licht im Raum dimmst.

7

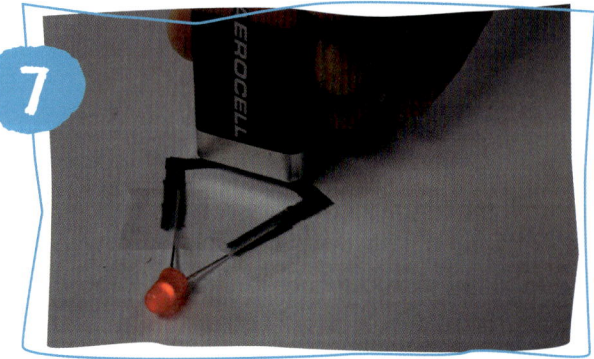

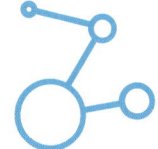

Was ist hier los?

Die Batterie versorgt die LED mit elektrischem Strom, damit sie leuchtet. Das funktioniert aber nur, wenn die Batterie und die Leuchte durch ein elektrizitätleitendes Material miteinander verbunden sind. Gewöhnlich leiten Metalldrähte (meistens Kupfer) den Strom wie z.B. in den Anschlüssen unserer Haushaltsgeräte. Aber hier siehst du, dass auch „Blei"stifte, die aus Grafit bestehen, Elektrizität leiten können.

Grafit ist kein besonders guter Leiter, daher kann es sein, dass die LED nur schwach leuchtet, aber etwas Licht solltest du sehen. (Eigentlich brauchen diese LEDs etwa 1,8 Volt, also sogar weniger als die 9 Volt der Batterie. Da Grafit jedoch zu den eher schwachen Leitern gehört, ist die Volthöhe an der Spitze des „Baumes" sehr viel geringer.)

Das Licht scheint heller, wenn die Batterie höher auf dem Baum angelegt wird. Dann hat der elektrische Strom nämlich einen kürzeren Weg. Hat er einen längeren Weg, verliert man etwas Strom.

Für Schlauberger

Grafit und Diamanten bestehen nur aus Kohlenstoffatomen – aber Grafit leitet Strom und Diamanten nicht (Diamanten sind elektrische Isolatoren). Wie kann derselbe Stoff – Kohlenstoff – einmal Strom leiten und einmal nicht?

Die Antwort liegt in der Anordnung der Atome. Im Grafit sind sie in flachen Schichten miteinander verbunden und die Elektronen – die kleinen geladenen Teilchen, aus denen Strom besteht – können sich frei durch die Schichten bewegen. Aber in Diamanten sind sie in dreidimensionalen Gittern aufgebaut, fast so wie ein winziges Klettergerüst. In dieser Anordnung können die Elektronen nicht durch die Gerüste „klettern", sondern stecken in ihren Atomen fest.

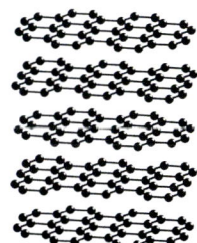
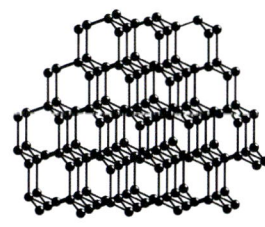

Anordnung von Kohlenstoffatomen in Grafit (links) ... und in einem Diamanten (rechts).

Auch einen Versuch wert

Zeichne doch mal ein eigenes Bild für diesen Versuch. Was könnte die LED darin sein? Vielleicht das Auge eines Monsters oder ein Autoscheinwerfer?

Fällt dir noch ein anderer Haushaltsgegenstand ein, der Strom leitet und mit dem man die Batterie an die LED anschließen könnte?
Diamanten und Grafit bestehen komplett aus Kohlenstoff, aber welche unterschiedlichen Eigenschaften haben sie?

Gesichtertrick

Wenn man dieses Bild sieht,
traut man seinen Augen nicht

Du brauchst

✔ eine Kamera, um ein Porträtfoto zu schießen
✔ einen Drucker, um das Bild im Format DIN A4 auszudrucken
✔ Schere und Klebeband
✔ eine Unterlage für das „Gesicht" – z.B. einen dunklen Tonkarton, der mithilfe einer Schachtel steht
✔ ein kleines Stück doppelseitiges Klebeband zum Anbringen

Du lernst

wie du dein Gehirn mit einer optischen Täuschung austrickst.

So lange dauert's

20 Minuten

Und so geht's

Mach ein Porträtfoto.
Das Gesicht sollte möglichst ganz genau geradeaus schauen.

Druck es ungefähr in Lebensgröße aus.
Schneide das Gesicht vorsichtig in Ellipsenform aus.

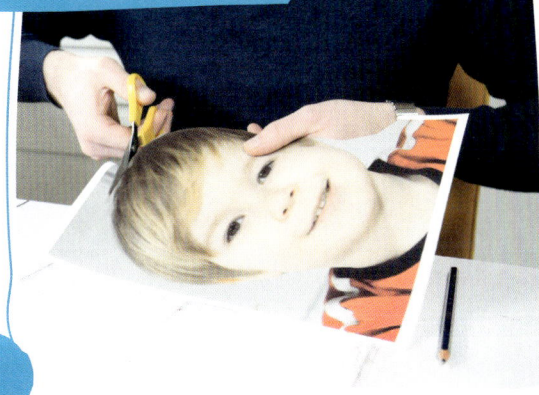

1

2

Schneide vier diagonale Schlitze wie abgebildet.

Knicke das Foto, um die Ecken der Schlitze mit Klebeband auf der Rückseite zusammenzukleben, sodass sie sich leicht überlappen. Es ergibt sich eine gewölbte Form.

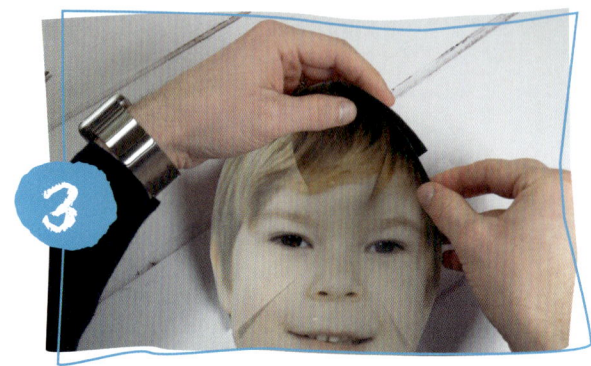

Schneide die überstehenden Ränder zurecht.

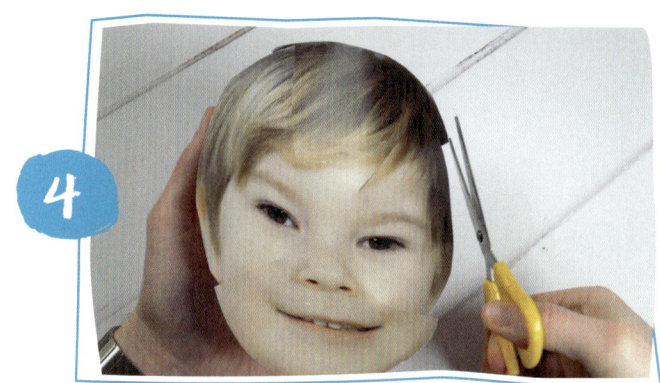

Befestige ein Stück doppelseitiges Klebeband auf deiner Unterlage.

Bring das Gesicht an.
Schaue jetzt von verschiedenen Blickwinkeln aus auf das Gesicht. Wie sieht es aus?

Der Kopf scheint dreidimensional, so als würde er sich nach außen wölben und nicht nach innen.

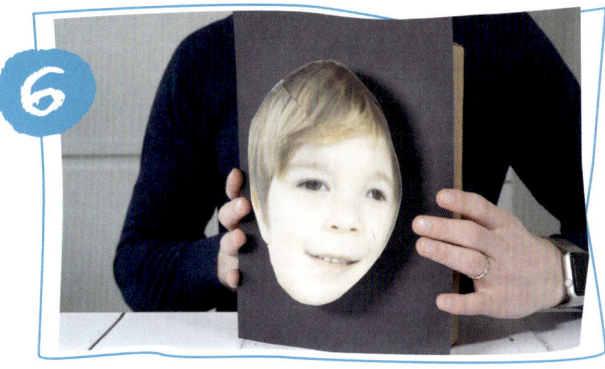

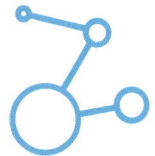

Was ist hier los?

Diese Illusion zeigt uns, wie unser Verstand manchmal davon überzeugt ist, es „besser zu wissen", obwohl unsere Augen ihm anderes sagen.

Aus der Form des Gesichts und vielleicht auch aus den Schatten lässt sich schließen, dass das Gesicht konkav wie eine Schüssel geformt ist. Aber im Alltag sehen wir natürlich immer Gesichter, die konvex sind, sich also nach außen wölben und nicht nach innen. Und dementsprechend interpretiert unser Verstand, was wir sehen.

Fülle ein Glas zur Hälfte mit Wasser, stelle einen Stift hinein und betrachte ihn von der Seite. Sieht der Stift aus, als wäre er gebrochen?

Der lachende Kavalier von Frans Hals, der uns anscheinend mit seinem Blick verfolgt, wenn wir weitergehen.

Für Schlauberger

Noch eine berühmte Illusion sind die uns „verfolgenden Augen", wenn wir an einem Porträt vorbeigehen. Einige Gemälde sind besonders bekannt dafür, wie etwa der lachende Kavalier des niederländischen Künstlers Frans Hals aus dem 17. Jhdt.

Manchmal hört man, dass Maler wie Frans Hals sich eines schlauen Tricks bedient haben, um diese Wirkung zu erzielen. Aber das stimmt gar nicht – bei jedem Porträt, auf dem jemand direkt geradeaus aus dem Rahmen schaut, kann dieser Effekt eintreten. Am deutlichsten ist er, wenn das Gesicht in einem starken Kontrast von Licht und Schatten gezeigt wird. Wenn wir an einer echten Person vorbeigehen, sehen die Schatten aus verschiedenen Blickwinkeln anders aus. Sie verändern sich nur schwach, aber das reicht, um unserem Gehirn zu verstehen zu geben, dass sich unsere Position zu dem Gesicht verändert hat. Die Schatten in einem Bild bewegen sich jedoch nicht, weil sie nicht real sind – sie sind in Farbe fixiert. Unser Gehirn schließt daraus, dass wir also immer in derselben Position zu dem Gesicht bleiben, dessen Augen uns anstarren.

Auch einen Versuch wert

Sollte es bei euch einmal kräftig schneien und du (oder dein Kind) einen kurzen Augenblick Kälte aushalten können, dann drückt euer Gesicht vorsichtig in den Schnee und zieht es langsam zurück, um ein exakteren Abdruck des „ausgehöhlten Gesichts" zu bekommen. Ist die Illusion stärker als bei dem ausgeschnittenen Gesicht?

Luftballon-Lichtschalter

Um eine Glühbirne leuchten zu lassen,
brauchst du nur einen Luftballon und deine Haare

Du brauchst

✔ einen Luftballon
✔ ein Kind! (Du brauchst
  seine Haare ...)
✔ eine Energiesparlampe

Du lernst

wie du deinen eigenen
Strom herstellst, um deine
Lampe zum Leuchten zu
bringen.

So lange dauert's

5 Minuten

Und so geht's

Puste den Luftballon auf.

1

Rubble ihn für etwa 30 Sekunden
über das Kinderhaar. Das Haar
bleibt jetzt leicht am Luftballon
„kleben".

2

Halte ihn ganz dicht an die Energiesparlampe.

3

In der Lampe sollte kurz Licht aufflackern. Am deutlichsten kannst du das in einem dunklen Raum beobachten.

4

Hast du je einen kleinen Funken gespürt, wenn du etwas aus Metall angefasst hast, nachdem du über einen Teppich gelaufen bist? Warum ist das so?

?

Auch einen Versuch wert

Du kannst auch andere Dinge mit statischer Elektrizität aufladen: z.B. einen Kamm. Probier mal, den aufgeladenen Gegenstand nah an einen dünnen Wasserstrahl aus dem Wasserhahn zu halten, ohne das Wasser zu berühren. Was passiert?
Du kannst Papierschnipsel oder Pfefferkörner auf den Tisch oder einen Teller legen, einen aufgeladenen Luftballon nah dranhalten und mal schauen, wie sie reagieren.

Was ist hier los?

Wenn du einen Luftballon (ein Wollpulli geht auch) an Haaren reibst, lädst du ihn mit statischer Elektrizität auf. Durch die Bewegung werden kleine elektrisch geladene Teilchen (Elektronen) abgestoßen; diese sammeln sich auf dem Luftballon an und laden ihn auf.

Die Energiesparlampe leuchtet durch elektrischen Strom, der durch ein Gas fließt, das in der Röhre gefangen ist. Dieser Strom wird durch die Bewegung geladener Teilchen (Ionen) im Gas produziert. Wenn die Lampe in eine Fassung geschraubt und eingeschaltet wird, werden die Ionen durch das Gas gezogen. Einige von ihnen stoßen mit anderen Atomen in dem Gas zusammen, was ihnen zu Extra-Energie verhilft, die sie dann wieder in Form von Licht abgeben. Eigentlich können wir dieses Licht nicht sehen, weil es sich im ultravioletten Teil des Spektrums befindet. Aber es wird von einem Stoff absorbiert, der die Innenwände der Röhre bedeckt (Phosphor) und das ultraviolette Licht in sichtbares verwandelt.

Die Ladung des Luftballons löst denselben Prozess aus, wenn er nahe an die Röhre gehalten wird. Ionen im Inneren der Röhre werden angezogen und ihre Bewegung führt zu Zusammenstößen im Gas, wodurch Licht produziert wird. Aber es hält nur ganz kurz an, weil der Luftballon rasch Teilchen mit einer gegensätzlichen Ladung anzieht, sodass seine statische Elektrizität neutralisiert wird.

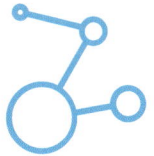

Für Schlauberger

Schon seit dem Altertum ist bekannt, dass einige Gegenstände wie Bernstein (altgriechisch: „Electrum") kleine Körner anziehen können, wenn man sie reibt. Wissenschaftler haben diese statische Elektrizität genutzt, als sie Ende des 18. Jahrhunderts mit der Erforschung von Elektrizität begannen. Wissenschaftler haben später Geräte erfunden, mit denen sie hohe elektrische Ladungen aufbauen konnten: die elektrostatischen Generatoren. Normalerweise wird dabei von Hand ein Rad oder eine Kugel gedreht, die an einem Metallteil reibt.

Reibung kann eine gewaltige Menge elektrostatischer Ladung erzeugen. Gewitter entstehen, wenn sich in den Wolken viele kleine Tröpfchen aneinander reiben und sich dabei elektrisch aufladen. Vermutlich sammelt sich die positive Ladung im oberen Teil der Wolke, die negative Ladung im unteren Teil. So baut sich eine immer größere Spannung auf, die sich schließlich in einem Blitz entlädt.

Blitze entstehen durch elektrostatische Aufladung von Gewitterwolken.

Dichte im Glas untersuchen

Was schwimmt und was sinkt in diesem bunten Flüssigkeitsturm?

Du brauchst	**Du lernst**	**So lange dauert's**
✔ flüssigen Honig oder Sirup ✔ Speiseöl ✔ Wasser und Lebens- mittelfarben ✔ ein hohes Glas ✔ Gegenstände, die schwim- men sollen: eine Murmel, eine Weintraube, einen Legostein, ein Stück Schaumstoff oder einen Tischtennisball	dass verschiedene Dinge eine unterschiedliche Dichte haben.	**20 Minuten**

Fülle das Glas zu einem
Drittel mit Wasser.
Mische die Lebensmittelfarbe hinein
(Blau ist ein guter Kontrast zu den
anderen Flüssigkeiten).

1

Lass den Honig/Sirup gleichmäßig
in das Glas fließen – er sinkt direkt
zu Boden und bildet die nächste
Schicht. Fülle das Glas damit zu
einem weiteren Drittel.

2

Gieße langsam das Speiseöl
hinzu und fülle das Glas. Das Öl
schwimmt oben auf dem Wasser.

3

Lass einen Gegenstand nach dem anderen ins Glas fallen: als erstes die Murmel (die direkt zu Boden sinkt) ...

4

... dann die Weintraube (die bis zur Wasserschicht untertaucht, wo sie auf dem Honig schwimmt) ...

5

... den Legostein (der zwischen Wasser und Öl schwimmt) ...

6

... und den Schaumstoff (der ganz oben bleibt).

7

?

Was hat eine größere und was eine geringere Dichte als Wasser? Fertige zu diesem Experiment eine Liste von Gegenständen und Flüssigkeiten an und ordne sie nach ihrer Dichte.

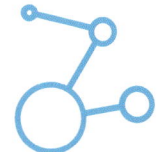

Was ist hier los?

Dichte ist einfach das Gewicht eines bestimmten Volumens von Dingen: z.B. wie schwer eine Tasse voll davon ist. Wasser hat eine größere Dichte als Speiseöl, aber die Dichte von Honig ist sogar noch größer als die von Wasser. Also sinkt der Honig bis zum Boden des Glases, dann kommt das Wasser, dann das Öl.

Die festen Gegenstände, die du hineingibst, haben ebenfalls eine unterschiedliche Dichte. Die Murmel hat eine größere Dichte als Honig, also sinkt sie direkt zu Boden. Eine Weintraube hat eine größere Dichte als Wasser, aber eine geringere als Honig, also bleibt sie an der Grenze hängen. Ein Legostein schwimmt auf Wasser, hat aber eine größere Dichte als Öl; Schaumstoff hat die geringste Dichte von allen, also schwimmt es auf dem Öl.

Für Schlauberger

In diesem Experiment verwenden wir Materialien mit unterschiedlicher Dichte. Aber auch die Dichte der Materialien selbst lässt sich verändern. Die meisten Stoffe dehnen sich aus, wenn sie wärmer werden und dadurch wird ihre Dichte geringer. Das gilt auch umgekehrt. Wasser ist allerdings ungewöhnlich. Seine größte Dichte hat es bei 4 Grad Celsius, und wenn du es abkühlst oder erhitzt, dehnt es sich aus und seine Dichte wird geringer. Darum schwimmen Eiswürfel auf dem Wasser.

Das bedeutet, dass Wasser mit einer Temperatur von 4 Grad Celsius unter kälteres Wasser sinkt. Das Wasser auf dem Grund eines Sees ist darum ein bisschen wärmer als an der Oberfläche. Darum gefrieren Seen im Winter auch von oben nach unten und nicht umgekehrt. Vielleicht gefriert das Wasser an der Oberfläche und bildet eine Eisschicht. Diese dient als Isolierung für das Wasser darunter, sodass es nicht noch mehr Wärme verliert. Ein See kann also unter seiner gefrorenen Oberfläche flüssig bleiben – zum Glück für alle Lebewesen die darin wohnen.

Auch einen Versuch wert

So kann man die Dichte von Wasser auch verändern: Fülle zwei Gläser mit Wasser, aber gib in eines davon zwei gehäufte Teelöffel Salz und rühre gut um. Durch das Salz nimmt die Dichte von Wasser zu.
Jetzt lege vorsichtig ein rohes, unversehrtes Ei in jedes Glas. Im Trinkwasser sinkt es zu Boden, weil das Ei eine größere Dichte hat als Wasser. Aber im Salzwasser schwimmt es, weil hier das Wasser eine größere Dichte hat.

Im Winter gefrieren Seen von oben nach unten, weil das Wasser mit der größten Dichte (das zu Boden sinkt) 4 Grad über dem Gefrierpunkt liegt.

Familie

Selbst gebastelte Mundharmonika

Mach Musik mit diesem schnell gebastelten Instrument

Du brauchst

✔ zwei breite
   Holzstäbchen
✔ fünf Gummiringe
✔ bunte Klebebänder
   oder Ähnliches zum
   Dekorieren (keine
   Farbe, da sie in den
   Mund geraten könnte!)

Du lernst

dass Vibrationen
Töne erzeugen.

So lange dauert's

20 Minuten

Und so geht's

Wickle einen Gummiring um das
eine Ende eines Holzstäbchens.
Dabei müssen alle Schlingen des
Gummirings flach nebeneinander-
liegen.

1

Zieh einen weiteren Gummiring von
einem Ende zum anderen quer über
das Holzstäbchen.

2

3

Wickle einen weiteren Gummiring
um das andere Ende. Alle Schlingen
müssen wieder flach nebeneinander-
liegen.

Leg das zweite Holzstäbchen auf das erste.

4

Befestige die beiden Stäbchen mit den zwei letzten Gummiringen an beiden Enden aneinander.

5

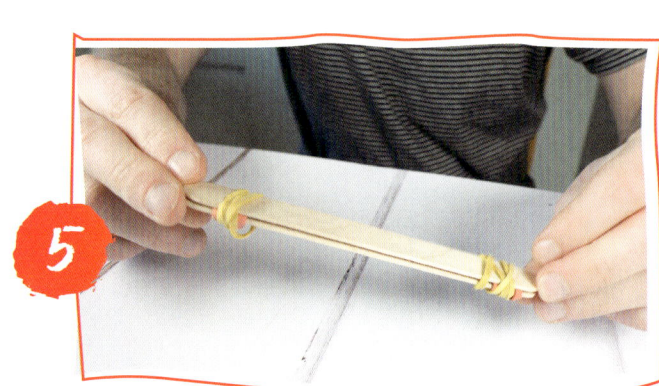

Verziere das Ganze mit Klebeband oder etwas anderem. Vermeide aber Farbe, da du sie in den Mund bekommen könntest.

6

Jetzt kannst du loslegen! Puste in die Lücke zwischen den Holzstäbchen. Wie klingt deine Mundharmonika?

7

Gibt es noch andere Haushaltsgegenstände, auf denen du musizieren kannst? **?**

Was ist hier los?

Musikinstrumente erzeugen Töne, weil etwas in ihnen vibriert. Dadurch gerät die Luft um das Instrument herum in Schwingungen und diese Vibrationen breiten sich aus wie Wellen in einem Teich. Die vibrierenden Schallwellen versetzen dann dein Trommelfell in Schwingungen und dein Gehirn erkennt das als Ton.

Was vibriert, hängt vom Instrument ab. Das kann eine gezupfte Saite an einer Gitarre sein oder eine angeschlagene beim Klavier. Bei einer Mundharmonika – und einem Saxofon, einer Klarinette oder einem anderen Blasinstrument – vibriert ein flaches Blatt, das vor- und zurückschwingt, wenn Luft über es geblasen wird.

In deiner selbst gebastelten Mundharmonika ist der längs gespannte Gummi dein Blatt. Zwischen den beiden Holzstäbchen ist ein schmaler Spalt. Wenn man Luft durch diesen Spalt bläst, wird das Gummiband in Schwingung versetzt und erzeugt einen Ton.

Genau dasselbe passiert, wenn du auf einem Grashalm „pfeifst", wenn du also einen Grashalm in den Spalt zwischen deinen Daumen spannst und pustest.

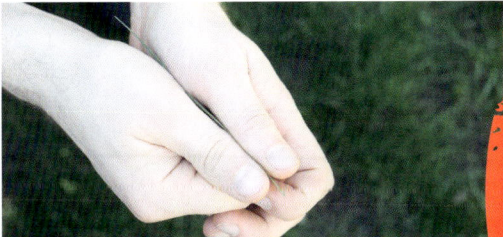

Wenn du einen Grashalm zwischen deine Daumen spannst und pustest, kannst du auf ihm pfeifen.

Für Schlauberger

Die Tonhöhe einer Schallwelle hängt davon ab, wie schnell – also wie oft in der Sekunde – etwas vibriert. Die Saite für die tiefste Note auf einem Klavier vibriert etwa 16-Mal pro Sekunde, während die für den höchsten Ton etwa 8 000-mal pro Sekunde vibriert.

Die Vibrationsgeschwindigkeit hängt von verschiedenen Dingen ab. Zum einen davon, wie schwer der vibrierende Gegenstand ist: die tieferen Saiten eines Klaviers oder einer Gitarre sind dicker und schwerer, die höheren dünner. Zum anderen auch davon, wie straff die Saite gespannt ist. Darum wird der Ton höher oder niedriger, wenn du an dem Wirbel einer Gitarren- oder Geigensaite drehst – je nachdem in welche Richtung du drehst.

Der Klang einer Gitarre entsteht durch die Vibration ihrer Saiten.

Auch einen Versuch wert

Spann doch mal einen kleineren Gummiring längs in deine Mundharmonika. Dieser muss fester gezogen werden und hat daher eine höhere Spannung. Wie klingt das?

Papierraketen-abschuss!

Reise ins Weltall mit einem Lufthauch

✔ Post-it-Blöcke, am besten in verschiedenen Farben
✔ einen Stift
✔ einen Knickstrohhalm

wie man einfache Raketen abschießt, aber auch ganz allgemein etwas über Schubkraft.

15 Minuten

Und so geht's

1

Löse ein Post-it-Blatt vom Block und lege den Stift darauf. Die Klebeseite des Post-its muss dabei nach oben schauen und der Stift weg vom Klebestreifen, am anderen Rand, liegen.

2

Wickle das Papier um den Stift, sodass eine Röhre entsteht. Der Klebestreifen hält sie zusammen.

Knick ein Ende um.

Bieg den Strohhalm zu einem „L".

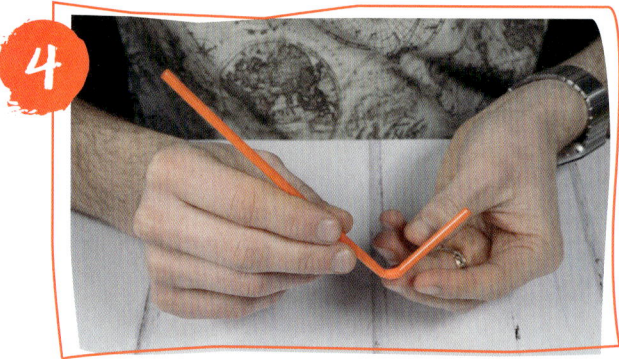

Steck deine Papierrakete auf das kurze Ende ...
... und puste kräftig.

... um sie zu starten!

Was ist hier los?

Die Papierrakete wird von dem Luftstrom angetrieben, den du ausstößt: Er gibt der Rakete einen Schubs, genau wie ein starker Wind, der gegen einen Baum drückt und ihn biegt.

Wäre das Papierröllchen an beiden Seiten geöffnet, würde die Luft einfach hindurchrauschen. Aber weil du ein Ende umgeknickt und verschlossen hast, hat die Luft etwas, wogegen sie schubsen kann.

Die US-Raumfähre hebt ab, weil sie Gase, die durch das Verbrennen von Raketentreibstoff entstehen, am unteren Ende durch eine Düse ausstößt.

Für Schlauberger

Wenn du einen Luftballon aufbläst und ihn dann loslässt, entweicht die unter Druck stehende Luft geräuschvoll aus dem Luftballonhals.

Echte Raketen werden natürlich mit stärkerem Schub ins Weltall befördert. Es gibt verschiedene Arten von Treibstoff, aber im Allgemeinen handelt es sich dabei um flüssige oder feste Stoffe, die leicht brennbar sind. Sie werden mit anderen Stoffen vermischt, die den Brennvorgang in Gang setzen, indem sie Sauerstoff zuführen. Damit etwas brennt, braucht man immer Sauerstoff. In normaler Luft ist reichlich davon vorhanden. Wenn die Stoffe nun vermischt werden und durch eine Explosion die Verbrennung starten, produzieren sie eine Menge Gas, das am unteren Ende der Rakete ausströmt. Genau wie die Luft, die aus einem offenen Luftballonhals strömt, wird die Rakete dadurch vorwärtskatapultiert. Definitiv kein Versuch für zu Hause!

Auch einen Versuch wert

Du kannst deine Rakete verzieren, indem du Fenster zeichnest oder Flügel oder einen spitzen Zylinder oben anklebst.

Welche Dinge im Haus kannst du noch nur mit deinem Atem antreiben?

Tütenflug

**Auf und davon
mit deinen schönen Party-Luftballons**

Du brauchst

✔ viele (um die 15) mit Helium gefüllte Luftballons
✔ eine Papiertüte mit Henkeln

Du lernst

das Prinzip des Auftriebs kennen – und bekommst ein erstes Verständnis von Kräften.

So lange dauert's

20 Minuten

Und so geht's

1

Das Ziel ist einfach: Solange Luftballons an die Tüte binden, bis sie abhebt. Wenn Ihr eine hohe Decke habt, umso besser – aber probier es nicht draußen aus, sonst ist die Tüte weg! Lass dein Kind die Luftballons erst mal halten, damit es spürt, wie sie nach oben ziehen. Vielleicht fragst du es: Was glaubst du, wie viele wir brauchen, damit die Tüte fliegt?

2

Lass das Kind einen Ballon nach dem anderen an den Griffen festbinden.

Prüft jedes Mal, ob die Tüte abhebt.

3

Braucht ihr mehr?

Und noch mehr ...?

Fast geschafft
... aber noch nicht ganz.

4

Und Abflug!

5

?

Stell das Gewicht der Tüte fest
und dann stell dich selbst auf die
Waage. Kannst du ausrechnen,
wie viele Ballons du brauchst,
damit du vom Boden abhebst?
Führe den Versuch zur Luftballonwaage auf
S. 44 mit Ballons durch, von denen einer mit
Luft und der andere mit Helium gefüllt ist.
Kannst du sie irgendwie ausbalancieren?

Auch einen Versuch wert

Auftriebskraft messen: Wenn die Luftballons
alle gleich groß sind, dann entspricht die
Auftriebskraft eines Ballons dem Gewicht
der Tüte – gewogen mit der Küchenwaage –,
geteilt durch die Anzahl der Luftballons,
die man braucht, damit die Tüte vom Boden
abhebt.
Diese Rechnung vermittelt – abgesehen von
einfacher Mathematik – einen ersten Eindruck
von den Grundlagen wissenschaftlicher
Experimente: den Messungen.

Wenn du herausbekommst, wie viel ein Luftballon anhebt, dann kannst du vorhersagen,
wie viele zusätzliche Ballons du an die Tüte
binden musst, damit sie mit einem leichten
Gegenstand in ihrem Inneren abhebt: Du
brauchst genug Ballons, um dieses zusätzliche
Gewicht auszugleichen. Probier es aus.
Hattest du recht?
Das ist das andere Standbein wissenschaftlicher Experimente: Es geht darum, Vorhersagen über das zu treffen, was passieren wird,
und dann das Experiment durchzuführen, um
zu überprüfen, ob man recht hatte.

Was ist hier los?

Die wichtigste Frage ist, warum Helium-ballons (aber nicht die mit Luft gefüllten) abheben. Die Antwort lautet: Helium hat eine höhere Dichte als Luft. Aber was genau bedeutet das?

Das Wichtigste zuerst: In einem bestimmten Volumen (z.B. in einem Luftballon) haben bei gleicher Temperatur und gleichem Druck alle Gase dieselbe Anzahl Moleküle. Luft, Helium, Kohlendioxid ... egal, mit welchem Gas ein Luftballon gefüllt wird, die Anzahl der Moleküle in seinem Inneren ist immer gleich.

Aber Heliummoleküle (genau genommen sind es einzelne Heliumatome) wiegen weniger als die Moleküle der Gase in der Luft (vor allem Sauerstoff und Stickstoff).

Trotzdem wiegen sie etwas, also zieht die Schwerkraft sie nach unten. Aber weil sie weniger wiegen als dasselbe Volumen Luft, zieht die Schwerkraft an dem Luftvolumen mit größerer Kraft als an den mit Helium gefüllten Ballons. Man könnte also auch sagen, dass Luft immer „unter" die Helium-ballons gerät und sie nach oben schiebt. Darum schwimmen auch einige Sachen (z.B. Zweige) auf dem Wasser: das Holz wiegt weniger als dasselbe Volumen Wasser, also bleibt das Wasser immer unter ihm. Diesen Schubs nach oben, den Gegenstände, die leichter als Luft oder Wasser sind, zu spüren bekommen, nennt man auch Auftrieb (siehe S. 31).

Für Schlauberger

Ballonfahrt lässt sich auch betreiben, wenn man die Ballons mit Gasen füllt, die leichter als Luft sind, statt die Luft zu erhitzen, um ihre Dichte zu verringern wie bei Heiß-luftballons (siehe S. 47). Helium eignet sich dafür gut, weil es nicht an chemischen Reaktionen teilnimmt: Z.B. ist es weder giftig noch ätzend oder brennbar.

In den Anfängen der Ballonfahrt wurde auch Wasserstoff verwendet. Aber Wasserstoff ist brennbar. Extrem brennbar. Wenn sich also eine Flamme oder ein Funke in die Nähe eines Wasserstoffballons verirrte, bestand die Gefahr, dass der Ballon in Flammen auf-ging – oder sogar explodierte.

1937 geschah das mit der „Hindenburg", einem gigantischen mit Wasserstoff gefüllten Ballon, der als Passagierluftschiff diente. Man vermutet, dass ein Funke von einem elektrischen Gerät der Auslöser für das Feuer war. Als das Luftschiff in den USA zur Landung ansetzte, ging der gesamte Ballon rasch in Flammen auf und stürzte ab.

1937 brennt die mit Wasserstoff gefüllte „Hindenburg".

Gras-Igel

Stell ihn auf den Fenstersims und pass auf,
wie seine Stacheln sprießen

Du brauchst	Du lernst	So lange dauert's

Du brauchst

✔ eine Schüssel voll Sägemehl (bekommt man in der Tierhandlung)
✔ wasserfesten Klebstoff
✔ eine alte Socke oder Strumpfhose
✔ eine kleine und eine große Schüssel
✔ eine Handvoll Grassamen
✔ zwei Wackelaugen und einen Knopf für die Nase
✔ Permanentmarker oder Acrylfarbe

Du lernst

wie man einen niedlichen Igel herstellt und sich um Pflanzen kümmert.

So lange dauert's

30 Minuten

Und so geht's

1

Schneide ungefähr 50 cm von einem Strumpfbein ab. Es muss an beiden Enden offen sein – wenn nötig, schneide das Fußteil ab.

Knote ein Ende fest zusammen. Schneide überstehende Reste dicht am Knoten ab.

2

Dreh den Strumpfschlauch von innen nach außen, sodass sich der Knoten im Inneren befindet.

Stülpe das offene Ende über die kleine Schüssel.

3

Gib die Grassamen hinein. Schütte die Sägespäne darauf.

Nimm den Strumpf aus der Schüssel, press den Inhalt zusammen und verknote das offene Ende.

Überstehende Reste dicht am Knoten abschneiden.

Dreh ihn um, sodass die Grassamen oben liegen, und forme ihn so, dass dein Igel eine Schnauze hat.

Kleb die Augen mit wasserfestem Kleber an.

Füge die Knopfnase hinzu ...

4

... und male mit dem Permanentmarker oder mit Acrylfarbe Schnurrbarthaare auf. Lass alles gut durchtrocknen.

5

Füll die große Schüssel mit Wasser. Leg den Igel hinein, bis er gut durchfeuchtet ist.

Leg ihn auf einen Teller und stell ihn in ein Fenster mit viel Sonnenlicht.

6

Nach ein paar Tagen sollten die Grassamen durch den Strumpf hindurch sprießen. Täglich gießen!

Irgendwann wird der Igel vielleicht einen Haarschnitt brauchen ...

7

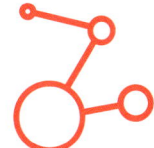

Auf diese lustige Art und Weise lassen sich erste Vorstellungen über Pflanzenwachstum vermitteln. Was brauchen die Samen, damit sie sprießen? Würde es auch in einem dunklen Schrank funktionieren?

Du könntest auch mehrere Igel herstellen und ihnen verschiedene Mengen Wasser und Licht geben, um zu sehen, welcher am besten wächst.

Weißt du, was Pflanzen zum Wachsen brauchen? Nenne mindestens 3 Dinge!
Was glaubst du, wo bei dir zu Hause der beste Platz für deinen Igel ist? Warum?

Wir wissen, dass Pflanzen Wasser zum Wachsen brauchen, aber warum brauchen sie auch Licht? So bekommen sie Energie. Tiere und wir Menschen erhalten Energie aus dem, was wir essen. Pflanzen jedoch benutzen die Energie des Sonnenlichts. Sie absorbieren sie mit ihren Blättern, wo sie von einem Molekül namens Chlorophyll aufgenommen wird. Das Chlorophyll sorgt übrigens auch für die grüne Farbe der Blätter.

Pflanzen wandeln die Sonnenenergie in chemische Energie um, so als wäre sie eine Art Pflanzentreibstoff. Mit dieser Energie verwandeln sie das in der Luft enthaltene Kohlendioxid in Stoffe, die sie zum Wachsen brauchen. Diesen Vorgang nennt man Fotosynthese. Dabei produzieren die Pflanzen Sauerstoff, den sie aber nicht brauchen und darum ausstoßen. Daher stammt der größte Teil unseres Sauerstoffs in der Luft.

Pflanzen stehen ganz am Anfang der Nahrungskette. Wir und viele andere Lebewesen ernähren uns von ihnen. Aber Pflanzen müssen sich nicht von anderen Lebewesen ernähren: Sie sind der Beginn des Lebens. Ohne sie (und andere Lebewesen wie einige Bakterien und Algen, die ebenfalls Fotosynthese mithilfe von Sonnenlicht betreiben), gäbe es kein Leben auf der Erde.

Das Leben auf der Erde beginnt mit Fotosynthese, für die das Sonnenlicht die Energie liefert.

Auch einen Versuch wert

Form doch mal andere Wesen. Verziere sie mit Acrylfarbe oder Permanentmarkern.

Wie fängt man eine Seifenblase?

Wenn du Seifenblasen magst, wirst du diesen einfachen Trick lieben

Was ist hier los?

✔ einen Spritzer Spülmittel
✔ 100 ml Wasser
✔ einen Teelöffel Glyzerin
✔ ein Glas
✔ einen Trinkhalm
✔ ein Paar Socken (oder ein Paar Baumwoll-handschuhe)

Du lernst

wie du Seifenblasen festhalten kannst, ohne dass sie zerplatzen.

So lange dauert's

10 Minuten

Und so geht's

Füll das Glas bis zur Hälfte mit Wasser. Gib einen ordentlichen Spritzer Spülmittel hinein.

Füge einen Teelöffel Glyzerin hinzu und rühre vorsichtig um.

Tunk den Strohhalm hinein. Jetzt solltest Seifenblasen pusten können.

Bitte dein Kind, ein paar Seifen-blasen mit den Händen zu fangen, damit es sieht, dass sie zerplatzen.

Jetzt gib ihnen Baumwollhand-
schuhe oder Socken. Sie sollen sie
sich über die Hände ziehen.

4

Was passiert, wenn du eine
Seifenblase mit Socken fängst?

5

Du kannst eine Seifenblase von
einer Hand in die andere werfen
und mit ihr „Ball spielen". Du kannst
sie sogar zusammendrücken, ohne
dass sie zerplatzt.

6

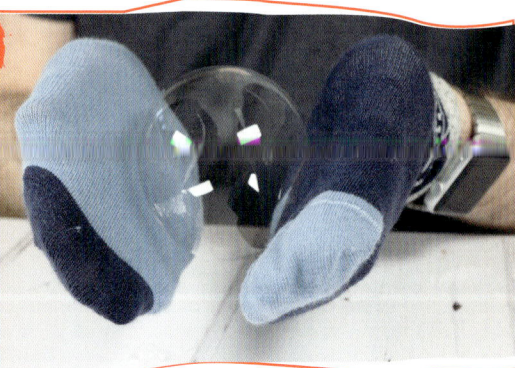

Metall hat eine größere Dichte
als Wasser und sollte daher
sinken. Hier ist eine Aufgabe
für dich: Leg eine kleine Büroklammer aus Metall vorsichtig
flach aufs Wasser, sodass sie schwimmt.
Ist sie leicht genug, um von der Oberflächenspannung getragen zu werden?

?

Auch einen Versuch wert

Du kannst Seifenblasen auch festhalten,
wenn du deine Hände in Seifenlauge tauchst.
Auf deinen Händen befindet sich nun eine
Schicht Seifenmoleküle im Wasser. Wenn die
Seifenblase nun auf den Flüssigkeitsfilm auf
deinen Händen trifft, bilden diese Seifenmoleküle eine ungebrochene Haut mit den

Molekülen auf der Oberfläche der Seifenblase. Die Seifenblase verschmilzt mit dem
Film auf deiner Hand und bildet eine Seifen-
blasenkuppel.
Du kannst sogar mit dem Finger durch eine
Seifenblase stechen, wenn du ihn vorher in
Seifenlauge tunkst. Die Seifenmoleküle auf
deinem Finger sorgen dafür, dass die Seifen-
blasenhaut „versiegelt" bleibt und nicht platzt.

Was ist hier los?

Um zu verstehen, warum die Seifenblasen auf den Socken nicht platzen, müssen wir erst einmal verstehen, warum Seifenblasen überhaupt platzen, wenn sie auf eine Oberfläche treffen.

Seifenblasen ähneln kleinen Ballons: Stich ein Loch in ihre Haut und sie platzen! Bei einer Seifenblase besteht diese „Haut" aus einer Schicht Seifenmoleküle. Sie liegen auf der Oberfläche des Films (siehe S. 119), der vor allem aus Wasser besteht. Die Haut ist dehnbar – darum kann man die Seifenblase größer pusten. Aber diese Haut muss an etwas anschließen: an einen Rahmen, wie man ihn zum Seifenblasenpusten benutzt, oder an eine Oberfläche. Sonst bricht der Seifenfilm in sich zusammen. Biege einen Pfeifenputzer zu einem Ring und tauche ihn in die Spülmittellauge, sodass sich ein Seifenfilm in der Schlinge fängt. Jetzt zieh den Pfeifenputzer an zwei Enden auseinander, sodass ein kleiner Spalt entsteht. Dehnt der Seifenfilm sich oder platzt er?

Seifenfilme gehen schnell kaputt. Aber nicht, wenn man sie sehr sanft berührt. Die Sockenfasern haben viele winzige Härchen – zu klein, um sie mit dem bloßen Auge zu sehen. Wenn eine Seifenblase sich auf einer Socke niederlässt, stützen diese kleinen Haare sie ab und sorgen dafür, dass sie nicht mit den restlichen Fasern in Berührung kommt – stell dir einen Ballon vor, der auf den Borsten einer Haarbürste liegt. Die Haare dellen den Seifenfilm nur ein bisschen und an nur wenigen Stellen ein. Diese kleinen Dellen hält er aus, ohne zu zerplatzen.

Für Schlauberger

Sogar die Oberfläche von reinem Wasser hat eine Art Haut, die entsteht, weil die Wassermoleküle aneinanderhaften. Man nennt das auch Oberflächenspannung. Darum kannst du ein Glas so voll machen, dass die Wasseroberfläche sich über den Rand wölbt, ohne dass etwas überfließt. Die Oberflächenspannung hält das Wasser fest.

Diese „Wasserhaut" hält winzigen Haaren stand, die kleine Dellen in die Oberfläche machen, ohne sie zu durchstechen. Einige Insekten wie Wasserläufer oder Wasserzikaden nutzen das zu ihrem Vorteil und laufen im wahrsten Sinne des Wortes übers Wasser. Durch winzige Härchen an ihren Beinen werden sie über der Wasseroberfläche gehalten – im Gegensatz zu einem Stück Rinde, das auf dem Wasser liegt. Würde der Wasserläufer auf dem Wasser liegen, dann würde die Oberflächenspannung seine Beine wie eine Art Kleber festhalten. Tatsächlich werden seine Beine aber noch nicht mal nass.

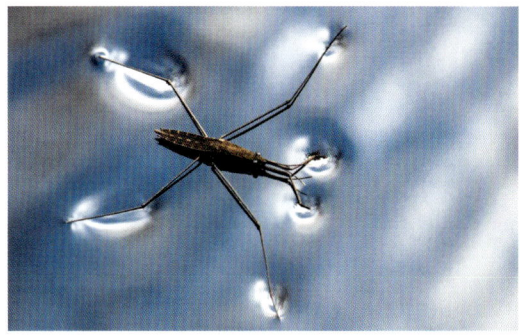

Ein Wasserläufer läuft übers Wasser. An den Dellen am Ende seiner Beine sieht man, dass die Beine die Wasseroberfläche nicht durchbrechen, sondern von winzigen Härchen darüber gehalten werden.

In eine Seifenblase abtauchen

Steck dein Kind in eine Riesenseifenblase

Du brauchst

✔ 2 Liter Wasser
✔ 600 ml Spülmittel
✔ 1 Esslöffel Glyzerin
✔ einen großen Behälter
   zum Mischen
✔ ein aufblasbares
   Planschbecken
✔ einen Hula-Hoop-Reifen

Du lernst

wie man riesige, schlauch-
förmige Seifenblasen
macht.

So lange dauert's

30 Minuten

Die Mischung muss mindestens einen Tag im Voraus hergestellt werden. Dieses Projekt kann drinnen und an einem windstillen Tag auch draußen durchgeführt werden.

Und so geht's

Misch das Wasser mit dem Spülmittel.

1

Gib das Glyzerin hinzu.

Gut verrühren und über Nacht stehen lassen.

2

Wenn es draußen windstill ist, blase das Planschbecken auf.

Kippe die Seifenblasenlauge hinein.

3

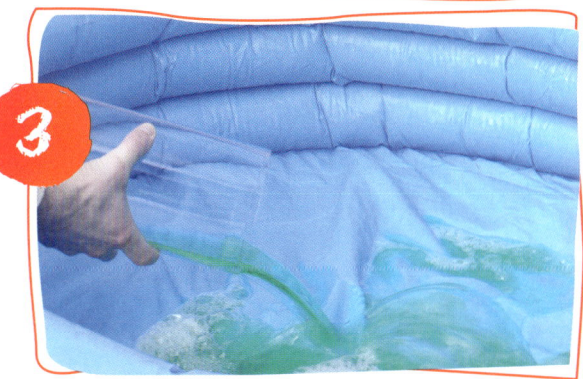

Leg den Hula-Hoop-Reifen hinein und achte darauf, dass er rundherum befeuchtet ist.

Wenn du den Reifen nun langsam anhebst, solltest du riesige zylinderförmige Seifenblasen nach oben ziehen können!

Sie sind groß genug, dass ein Kind darin Platz hat ... allerdings kann es eine ganz schöne Sauerei geben, wenn sie platzen!

Auch einen Versuch wert

Du kannst riesige frei schwebende Seifenblasen machen, wenn du ein paar Pfeifenputzer zu einem großen Kreis verbindest und einige davon für einen Griff übrig behältst. Tauch die Schlinge in die Seifenlauge und zieh sie dann langsam durch die Luft. Wahrscheinlich brauchst du etwas Übung, bis sich die Seifenblasen sauber lösen.

Was ist hier los?

Für Schlauberger

Durch das Glyzerin bekommst du eine besonders gute Seifenlauge. Die Seifenfilme sind stabil genug, um große Blasen zu bilden, ohne kaputtzugehen.

Eine Riesenseifenblase. Beachte die Regenbogenfarben auf ihrer Oberfläche. Wie entstehen die Farben und Streifen auf diesem Seifenfilm?

Seifenblasen haben normalerweise eine perfekte Kugelform. Aber die riesigen nicht. Warum?

Der Luftdruck im Inneren einer Seifenblase hängt von ihrer Größe ab – oder genauer: Er hängt davon ab, wie stark gekrümmt die Blase ist. Je kleiner die Seifenblase, umso stärker ihre Krümmung und umso höher der Druck.

Bei sehr großen Seifenblasen unterscheidet sich der Druck in ihrem Inneren also nicht sehr vom Außendruck. Wie bei einem Luftballon, der nicht ganz aufgeblasen ist – er ist eher wabbelig. Daher kann jede Bewegung der Luft die Seifenblase ganz einfach verformen.

Seifenfilme jeglicher Art suchen sich eine Form mit der kleinstmöglichen Oberfläche. Denn es „kostet" den Film Energie, eine Oberfläche aufzubauen. Er sucht sich also eine Form, für die er wenig Energie braucht. Bei einem Seifenfilm zwischen zwei Reifen – so wie bei unserem Seifentunnel – ist die Oberfläche mit der kleinsten Fläche kein einfacher Zylinder, sondern einer, der in der Mitte schmaler wird: diese Form nennt man Katenoid. Vielleicht hat auch dein wackeliger Seifentunnel diese Form.

Die Form, die ein Seifenfilm zwischen zwei Reifen bildet, wird Katenoid genannt.

Warum unterscheiden sich die Seifenblasen in der Badewanne von denen, die du mit dem Reifen machst?

Schaukelbild

Zeichne endlos viele Schnörkelbilder
mit diesem einfachen Gerät

Du brauchst

✔ Wasser
✔ Farben
✔ drei Stangen oder Stöcke
   von je ca. 1,5 Meter Länge
   oder ein Kamera-stativ
✔ etwa 2 Meter Schnur
✔ ein paar Gummiringe
✔ eine Büroklammer
✔ eine Plastikflasche
✔ eine Plastiktüte
✔ große Blätter Papier
   (A3 oder A2 oder eine Rolle)

Du lernst

wie man bunte Muster mit
einem Pendel macht.

So lange dauert's

40 Minuten

Und so geht's

1

Als Erstes baust du einen Dreifuß. Binde die drei Stangen mit Gummiringen an einem Ende zusammen. Stell sie in einem stabilen Dreifuß auf den Boden.

2

Jetzt baust du den Farbgießer. Schneide eine Plastikflasche in der Mitte durch, nimm die obere Hälfte und stich drei Löcher in den Rand. Fädle die Schnur durch, befestige sie mit Knoten und binde die losen Enden zusammen.

Binde eine Büroklammer an das Ende einer langen Schnur. Das wird der Haken für die Schnur, an der die Flasche befestigt wird.

Binde das andere Ende in die Mitte des Dreifußes.

3

Jetzt schneide eine Ecke von der Plastiktüte ab, sodass sie über den Flaschenhals passt und mit einem Gummiring festgemacht werden kann.

Schneide die Spitze der Plastikecke ab, sodass eine kleine Öffnung entsteht.

Leg das Papier auf den Boden unter den Dreifuß und beschwere es an den Ecken oder am Rand.

Befestige die Schnur der Flasche an der Büroklammer, die an der Schnur vom Dreifuß hängt. Die Flasche sollte frei schwingen, ohne den Boden zu berühren.

Misch Farbe und Wasser, sodass eine sehr flüssige Mixtur entsteht.

Gieße sie in die Flasche und kneife dabei die Öffnung zu.

Lass die Öffnung los und schubs die Flasche vorsichtig an, sodass die flüssige Farbe auf das Papier darunter läuft.

Du kannst auch mehr als eine Farbe in die „Farbschaukel" füllen.

Was ist hier los?

Die Flasche, die am Dreifuß hängt, ist ein Pendel, das vor- und zurückschwingt. Aber wie du und deine Kinder entdecken werden, zeichnet die Spitze interessante ovale Muster, wenn ihr das Pendelgewicht ein wenig kreisen lasst, sodass es nicht nur wie das Pendel einer Standuhr vor- und zurückschwingt.

Tatsächlich wirst du an der Farbspur sehen, wie kompliziert und wunderschön diese Muster sein können.

Auch einen Versuch wert

Versuch doch mal mit Sand anstatt mit Farbe zu malen – oder an einem heißen Tag mit Wasser auf Gehwegplatten. Dafür musst du die Größe des Lochs anpassen, damit ein gleichmäßiger Fluss gewährleistet ist.

Verändere die Schnurlänge. Wie wirkt sich das auf die Zeichnung aus? Warum ist das so?

?

Für Schlauberger

In der Wissenschaft lassen sich Kräfte am einfachsten mit einem Pendel erforschen. Wenn sie einmal angestoßen wurden, schwingen Pendel immer weiter, weil die Schwerkraft das Gewicht an seinen niedrigsten Punkt zieht, aber wegen seiner Trägheit (siehe S. 15) bleibt es nicht stehen.

Die Zeit, die ein Pendel braucht, um von einer Seite auf die andere zu schwingen, bleibt immer gleich, egal, wie schwer das Gewicht ist – es kommt nur auf die Länge der Schnur an (wenn die Bewegung nicht zu weit ausholt). Je länger die Schnur, umso länger dauert ein einziger Schwung. Darum wurden Pendel in Uhren verwendet: das Vor- und Zurückpendeln bleibt konstant, deshalb sind Pendeluhren sehr genau.

Ein Pendel in einer Standuhr.

Teamwork

Es ist nicht immer einfach,
Kinder zur Zusammenarbeit zu bewegen –
aber so können sie es lernen

Du brauchst

✔ einen Gummiring
✔ vier Pfeifenputzer
✔ Pappbecher

Du lernst

im Team zusammen-
zuarbeiten. Und auch etwas
über die Beschaffenheit
verschiedener Materialien und
den Reibungskoeffizienten.

So lange dauert's

20 Minuten

Und so geht's

Lege die Pfeifenputzer zu einer
Schlinge ...

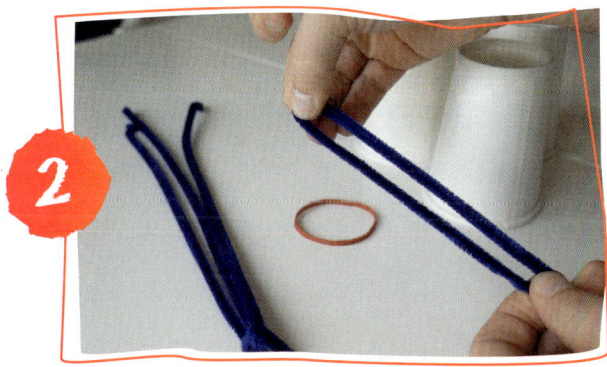

... und knicke sie in der Mitte um.

Hake alle in gleichmäßigem
Abstand in den Gummi.

Zwirble die Pfeifenputzer, sodass sie gut am Gummi festhalten und eine Art vierbeinige Spinne entsteht.

4

Jetzt hast du ein Werkzeug, um Sachen hochzuheben – aber nur wenn ihr im Team zusammenarbeitet. Zwei Partner halten je zwei „Beine" fest und ziehen sie über einen umgedrehten Becher, um ihn zu ergreifen.

5

6

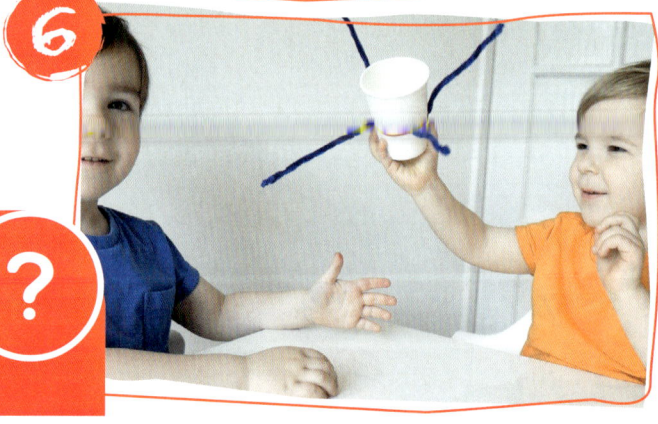

Fallen dir noch andere Sachen ein, die man so leicht aufheben könnte?
Bei welchen wäre es am schwierigsten?

?

7

Ihr könnt auch Becher stapeln und herausfinden, was ihr tun müsst, um Gegenstände anzupacken und wieder loszulassen.

Was ist hier los?

Dieser Versuch erklärt sich eigentlich von selbst. Aber es steckt mehr dahinter, als du vielleicht vermutest. Kinder lernen, wie sie ihre Bewegungen koordinieren und wie fest sie an den Beinen ziehen müssen, damit sich der Gummi dehnt. Wenn sie nicht zusammenarbeiten, funktioniert es nicht!

Du kannst dich auch mit ihnen darüber unterhalten, dass der Gummi dehnbar ist, der Pfeifenputzer aber nicht, und über die verschiedenen Materialien, aus denen sie bestehen. Frag sie vielleicht auch, warum der Becher nicht aus dem Gummiring flutscht. (Die Antwortet lautet: wegen der Reibung. Als Reibung bezeichnet man eine Art Klebrigkeit, die verhindert, dass Oberflächen aneinander vorbeirutschen.)

Für Schlauberger

Solche Handgriffe fallen uns ziemlich leicht – sogar im Alter von etwa zwei Jahren haben wir ein Gespür dafür, wie fest wir ziehen müssen und wie wir das Werkzeug in Position bringen können. Aber zerbrechliche Gegenstände hochzuheben, war eine große Herausforderung für die Robotik.

Wenn wir ein Ei hochheben, bekommen wir durch einen komplizierten Vorgang anhand der Empfindungen in unseren Fingerspitzen zurückgemeldet, wann wir aufhören müssen zuzudrücken. Tun wir das zu früh, reicht die Reibung nicht und das Ei entgleitet uns. Wenn wir zu lange zudrücken, zerquetschen wir es. Damit eine Roboterhand oder ein Greifer also in der Lage sind, zerbrechliche Gegenstände hochzuheben, ohne ihre Form im Voraus zu kennen, brauchen auch sie eine Art „Rückmelde-Kontrolle", um ihren Griff anzupassen. Inzwischen stellt man auch Greifer komplett aus weichen, gummiartigen Materialien her – vielleicht verwenden sie kleine Luftballons, um ihre Form zu verändern –, damit sie elastisch genug sind, um mit zerbrechlichen Gegenständen zu hantieren.

Auch einen Versuch wert

Versuch mit den Bechern und deinem Werkzeug einen Turm zu bauen.

Vergrößere dein Team und lass jeden in deinem Team einen Pfeifenputzer festhalten.

Roboterhände so empfindlich zu machen, dass sie eine Erdbeere halten können (ohne sie zu zerquetschen), ist eine ganz schöne Herausforderung!

Wonach riecht das?

Kannst du ein Lebensmittel allein am Geruch erkennen?

Du brauchst

✔ eine Auswahl an Lebens-
mitteln, die du zu Hause
hast und die nach etwas
riechen (Obst, Brot,
Schokolade, Knoblauch
etc.)
✔ eine Augenbinde

Du lernst

wie schlau unsere
Nase ist!

So lange dauert's

20 Minuten

Und so geht's

Such dein Testessen zusammen.

1

Schneide das Obst auf, damit
es riecht.

2

Verbinde deinem Kind die Augen.

3

Halte ihm oder ihr jeden Gegenstand unter die Nase und bitte
das Kind, daran zu riechen. Kann
er oder sie sagen, worum es
sich handelt?

4

Kann deine Nase dir dabei
helfen, Gefahren oder
Sachen, die nicht zum Essen
geeignet sind, zu erkennen?

?

5

6

Lass sie die Sachen danach
anschauen und aufessen.

Was ist hier los?

Gerüche werden durch Moleküle in der Luft übertragen, die von dem Geruchsgegenstand kommen und in unsere Nase dringen. Sie werden von einem Körperteil erspürt, der Riechkolben genannt wird und genau über unserer Nase liegt – genaugenommen im Gehirn, direkt hinter unseren Augen.

Niemand kann genau sagen, wie die Geruchsmoleküle „gelesen" werden, damit eine spezielle Geruchsempfindung hervorgerufen wird – aber wie dieses Experiment zeigt, sind wir ziemlich gut darin!

Auch einen Versuch wert

Unser Geruchssinn hängt eng mit unserem Geschmacksinn zusammen. Um das zu zeigen, versuch das Lebensmittel am Geschmack zu erkennen, ohne es zu riechen. Verbinde dem Kind die Augen, halte ihm vorsichtig die Nase zu und bitte es dann, das Lebensmittel allein am Geschmack zu erkennen. Schafft es das?

Für Schlauberger

Der Zitrusgeruch von Zitronen und Orangen kommt vor allem aus ihrer Schale und wird hauptsächlich von einem Ölmolekül mit dem Namen Limonen produziert. Es wird auch als Aromastoff in Lebensmitteln verwendet und als Duftstoff in Parfümen und Körperpflegeprodukten wie Lotionen und Handwaschölen.

Das Limonenmolekül hat einen spiegelverkehrten Cousin, seine Form unterscheidet sich genauso wie ein linker Handschuh vom rechten. Ansonsten sind die beiden Moleküle genau gleich. Und doch führt dieser winzige Unterschied in ihrer Form dazu, dass die zwei Moleküle ganz verschieden riechen: das „linkshändige" Limonen riecht nicht nach Zitrone, sondern nach Harz wie Terpentin. Wie der Riechkolben solch kleine Abweichungen in der Form oder der Zusammensetzung einiger Geruchsmoleküle erkennen kann, ist immer noch ein Rätsel.

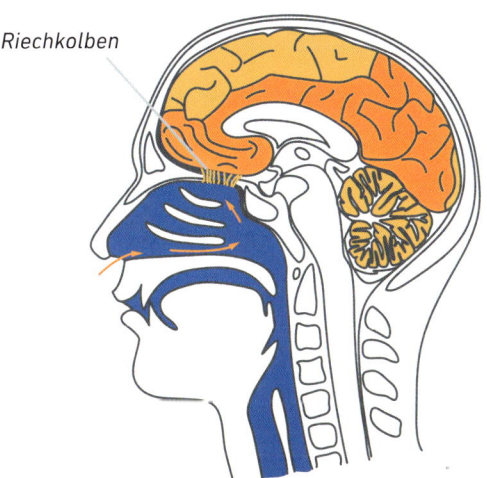

Riechkolben

Kniffliges Angelspiel

Wer fängt am meisten mit der lustigen Angelkappe?

Du brauchst

✔ Klebeband
✔ Büroklammern, am besten in verschiedenen Farben
✔ einen kleinen Magneten
✔ einen Pfeifenputzer
✔ eine kleine Krokodilklemme (oder eine Wäscheklammer)
✔ eine kleine Schüssel oder ein kleines Glas

Du lernst

dein eigenes Spiel herzustellen!

So lange dauert's

30 Minuten

Und so geht's

Knicke ein Ende des Pfeifenputzers um, sodass eine kleine Schlaufe entsteht, in die der Magnet passt.

Schiebe den Magneten hinein und zwirble den Pfeifenputzer, um den Magneten zu fixieren. Zur Sicherheit klebst du noch einen Klebestreifen drum herum.

Setzt euch an den Tisch und lass die Kinder die Kappe auf den Kopf setzen. Befestige mit der Krokodilklemme das freie Ende des Pfeifenputzers am Mützenschirm, sodass die „Magnetangel" herunterbaumelt.

Verteile die Büroklammern auf dem Tisch.

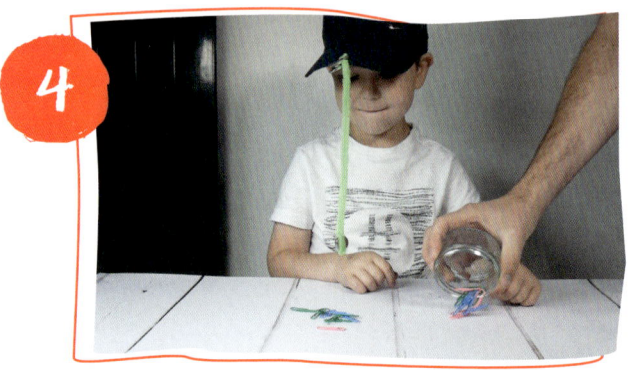

Das Kind soll sie nun mit dem Magneten „angeln" und dabei nur seinen Kopf bewegen.

Er oder sie kann die geangelten Büroklammern in die Schüssel legen.

Um den Schwierigkeitsgrad zu erhöhen, verteile Büroklammern in verschiedenen Farben und lass das Kind nach nur einer Farbe angeln.

Was ist hier los?

Dieses witzige Magnetspiel erfordert eine Menge Koordination. Die Kinder finden es lustig, dass sie dabei nur ihre Köpfe bewegen dürfen.

Ein Teil der Herausforderung liegt darin, nur den Kopf, aber nicht die Hände zu benutzen. Diese Art von Aufgaben können wir ganz leicht mit unseren Händen erledigen, aber unseren Kopf einzusetzen, ist kniffliger! Das liegt daran, dass wir Feinmotorik – also sehr gute Muskelkontrolle – viel öfter mit unseren Händen üben, weil wir mit ihnen schwierige Aufgaben im Alltag meistern.

Wie viele andere Gegenstände findest du im Haus, die einen Magneten haben? Wozu braucht man sie?

Für Schlauberger

Wo finden wir Magnete im Alltag? Es wird dich vielleicht überraschen, wie viele du im Haus um dich herum findest. Einige Verschlüsse von Kleidungsstücken oder Taschen sind magnetisch. Vielleicht habt ihr magnetische Türschlösser oder Nadelkissen. Manche Magnete verstecken sich: Sie befinden sich im Inneren von elektrischen Motoren (z.B. in Mixern und Staubsaugern) und Computern.

Vielleicht habt ihr auch Magnete, mit denen ihr Bilder, Notizzettel oder andere Papiere am Kühlschrank befestigt. Aber wusstest du, dass sich auch Magnete in der Kühlschranktür befinden? Magnete in der Gummidichtung sorgen dafür, dass der Kühlschrank fest verschlossen und gut isoliert gegen die Wärme in der Küche bleibt.

Magnete in der Türdichtung sorgen dafür, dass Kühlschränke geschlossen bleiben.

Auch einen Versuch wert

Jetzt, wo du weißt, wie das Spiel geht, kannst du dir auch eigene Regeln ausdenken. Wer sammelt alle Büroklammern seiner Farbe am schnellsten auf? Wer schafft es, von jeder Farbe eine Büroklammer aufzusammeln? Vielleicht muss man von vorne anfangen, wenn man zwei Büroklammern derselben Farbe aufgehoben hat. Egal, welche Regeln euch sonst noch einfallen, ihr werdet gemeinsam garantiert viel Spaß haben.

Sauerei

Berieselungs-strohhalm

Das perfekte klitschnasse Experiment
für einen heißen Sommertag

Du brauchst

✔ ein Glas Wasser
✔ Plastiktrinkhalme
✔ Schaschlikspieße
✔ Klebeband und Schere

Du lernst

wenn Gegenstände sich drehen, werden sie von einer Kraft nach außen getragen.

So lange dauert's

15 Minuten

Und so geht's

Stich den Schaschlikspieß durch die Mitte des Trinkhalms.

1

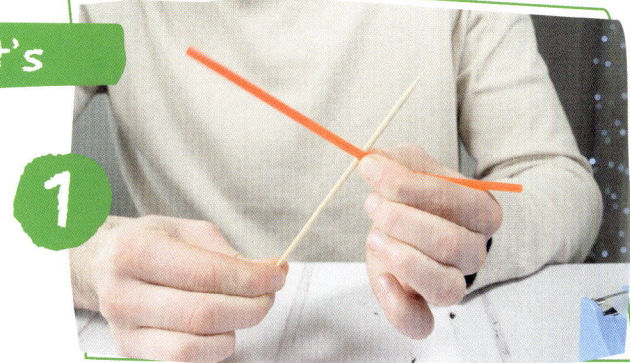

Schneide etwa 3 cm vom Schaschlikspieß entfernt vorsichtig einen Schlitz in die Unterseite des Trinkhalms, sodass sich das Endstück des Strohhalms nach oben biegen lässt. Pass auf, dass du ihn nicht komplett durchschneidest.

2

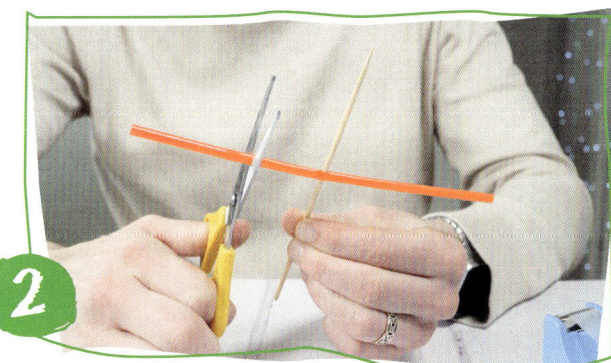

3

Schneide den Strohhalm genauso auf der anderen Seite ein und biege beide Enden nach oben.

Klebe die beiden Enden mit Klebeband so fest, dass ein Dreieck entsteht. Achte dabei darauf, die Öffnungen des Strohhalms nicht zu blockieren.

4

Tauche dein Berieselungsgerät mit der Spitze des Dreiecks voran ins Wasser: die Spitze sollte unter Wasser liegen, aber die anderen beiden Ecken über dem Wasser. Dann dreh den Schaschlikspieß mit den Fingern. Das Wasser spritzt in alle Richtungen.

5

Auch einen Versuch wert

Wasser spritzt beim Schleudern nicht weg, wenn es sich in einem Behälter befindet. Wenn du einen Wassereimer an einer Schnur schleuderst, bleibt das Wasser sogar dann im Eimer, wenn du ihn schräg hältst – oder wenn du ihn senkrecht im Kreis schwingst, sodass er auf dem Kopf steht! Die Zentrifugalkräfte, die das Wasser nach außen drücken, verhindern, dass es durch die Schwerkraft aus dem Eimer läuft – solange du schnell genug schleuderst.

Während du den Berieseler drehst, wird das Wasser, das durch den Strohhalm am unteren Ende des Berieselers eintritt, im Röhrchen nach oben gedrückt und sprüht durch die Löcher, die du in den Ecken gemacht hast, hinaus.

Das Wasser wird hier durch die sogenannte Zentrifugalkraft „bergauf"gezwungen. Das Wort „Zentrifuge" bedeutet nichts anderes als „dem Zentrum entfliehen". Diese Kraft wird in der Leichtathletik auch beim Hammerwerfen ausgenutzt. Der „Hammer", eine Metallkugel, hängt an einem Draht, der im Kreis gedreht wird. Wenn der Draht losgelassen wird, fliegt der Hammer durch die Zentrifugalkraft nach außen.

Ein Gegenstand, der sich um eine Mittelachse dreht, versucht aufgrund der Zentrifugalkraft nach außen zu „entkommen" – darum fliegen die Röcke von Eiskunstläufern oder Tänzern, wenn sie sich drehen.

In großen, sich drehenden Berieselungsanlagen für die Bewässerung von Äckern, wird das Wasser von dieser Kraft weit hinausgeschleudert.

Welches Gerät bei dir zu Hause funktioniert mit Hilfe der Zentrifugalkraft?

Beim Flamencotanz verwandelt sich die Zentrifugalkraft in eine Form von Kunst.

Ausnutzung der Zentrifugalkraft bei Leichtathletik-Wettkämpfen.

Küchen-krater

So hat der Mond seine Krater bekommen

Du brauchst

✔ etwa 500 g Mehl (egal, welche Sorte)
✔ etwa 50 g Kakaopulver
✔ eine Packung Zuckerperlen
✔ mehrere Kieselsteine verschiedener Größen
✔ eine Kuchenform mit einem hohen Rand
✔ einen Löffel
✔ ein Sieb

Du lernst

wie man aus Backzutaten Krater wie auf dem Mond (und der Erde!) macht.

So lange dauert's

15 Minuten

Und so geht's

1 Gib eine Schicht Mehl von etwa 2 cm Höhe auf die Kuchenform.

2 Streiche sie mit dem Löffel etwas glatt.

3 Verteile die Zuckerperlen auf der Oberfläche.

Siebe eine dünne Schicht Kakaopulver über das Mehl und die Süßigkeiten.

Lass nun etwa aus Kopfhöhe die Kieselsteine einen nach dem anderen auf die Kuchenform fallen.

Entferne die Kieselsteine. Übrig bleiben Krater zwischen versprengter „Erde" und „Steinen".

Vergleiche die Krater von Steinen unterschiedlicher Größe.

Auch einen Versuch wert

Lass Steine aus unterschiedlicher Höhe fallen und wirf sie aus verschiedenen Winkeln aufs Blech.

Kann ein kleiner Meteorit einen großen Krater machen? Wie?

Welche Form hätte ein Krater, wenn ein großer würfelförmiger Meteorit den Mond treffen würde? Bestimmt die Form des Meteoriten die Form des Kraters?

Was ist hier los?

Vielleicht hältst du das Ganze für selbstverständlich – aber wenn man mal darüber nachdenkt, ist es doch seltsam, dass ein Pulver wie eine Flüssigkeit „spritzt". Deine Krater sind vergleichbar mit denen, die entstehen, wenn ein Meteorit auf einen harten Planeten wie die Erde oder den Mond auftrifft.

Bei den Zusammenstößen entsteht so viel Energie, dass der Fels tatsächlich schmilzt und wie eine Flüssigkeit spritzt. Kleine Stücke geschmolzenen und wieder erstarrten Gesteins, Tektite genannt, findet man überall auf der Erde. Sie stammen von uralten Meteoriteneinschlägen und sind vielleicht viele Hunderte von Kilometern von ihrem Einschlagsort weggeschleudert worden, genau wie die Zuckerperlen in unserem Experiment. Oft sehen sie aus wie erstarrte schwarze Tränen.

Tektite (oben) sind Klümpchen von glasartigem Stein, der durch den Einschlag eines großen Meteoriten auf der Erde geschmolzen und weit fortgeschleudert wurde, so wie beim Meteor Crater in Arizona vor über 50 000 Jahren.

Für Schlauberger

Die meisten Wissenschaftler glauben, dass vor etwa 66 Millionen Jahren ein riesiger Meteorit auf der Erde einschlug und so katastrophale Klima- und Umweltveränderungen hervorrief, dass dadurch womöglich die Dinosaurier ausstarben. Die Hitze des Einschlags hat wahrscheinlich große Waldbrände verursacht und der aufgewirbelte Staub hat dem Sonnenlicht den Weg versperrt, sodass viele Pflanzen nicht mehr wachsen konnten und die Welt sehr viel kälter wurde. (Es ist aber immer noch nicht geklärt, ob das die einzige oder ob es denn die Hauptursache für das Aussterben der Dinosaurier war.)

Diese Theorie kam 1980 auf. Etwa zehn Jahre später glaubte man den Einschlagsort gefunden zu haben: einen Krater mit einem Durchmesser von etwa 150 Kilometern, begraben unter neuerem Gestein an der Küste der Halbinsel Yucatan in Chicxulub in Mexiko und unter dem Meeresboden direkt vor der Küste. Der dafür verantwortliche Meteorit wird auf einen Durchmesser von 10 Kilometern geschätzt.

Diese moderne Landkarte zeigt, wo ein gigantischer Meteorit vor 66 Millionen von Jahren eingeschlagen und das Ende der Dinosaurier verursacht hat. Damals lagen die Kontinente etwas anders als heute.

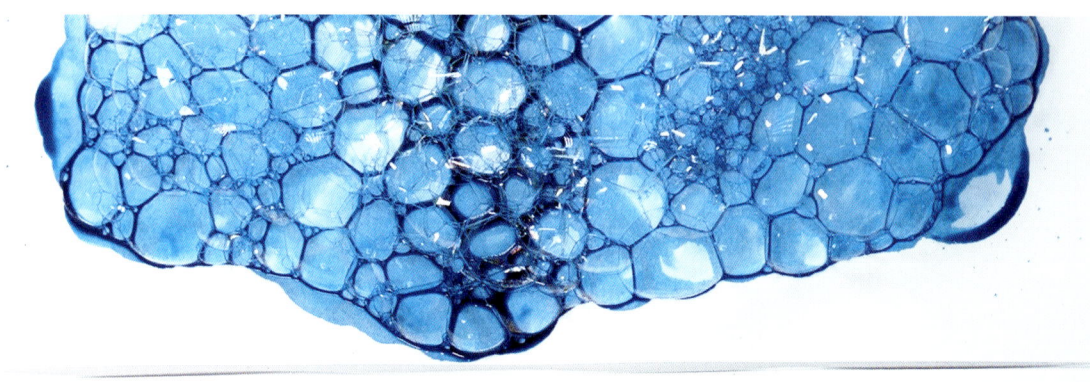

Malen mit Seifenblasen

Zauberhafte, fröhliche Muster aus Schaum

Du brauchst

✔ Lebensmittelfarben
✔ Spülmittel
✔ Wasser
✔ Plastikstrohhalm
✔ große Plastikbecher
  (für jede Farbe einen)
✔ weißen Tonkarton

Du lernst

dass Seifenblasen und Schaum ganz besondere, wunderschöne Formen haben.

So lange dauert's

25 Minuten

Und so geht's

1

Deck einen Tisch gegen Farbspritzer ab.

Füll etwa einen Zentimeter Spülmittel in drei Becher.

2

Gib einen Schuss Wasser in jeden Becher.

3

Füll eine großzügige Menge Lebensmittelfarbe in jeden Becher.

Verrühr alles gut mit den Strohhalmen.

Stell alle Becher neben-
einander. Blase in die Becher,
bis der Schaum überquillt.

4

Leg ein Blatt Papier vorsichtig auf
den Schaum, sodass es von den
Blubberblasen berührt und gefärbt
wird.

5

Nimm das Papier herunter und
schau dir das Muster an. Das
Ganze noch mal – bis das Blatt
vollständig bedeckt ist.

6

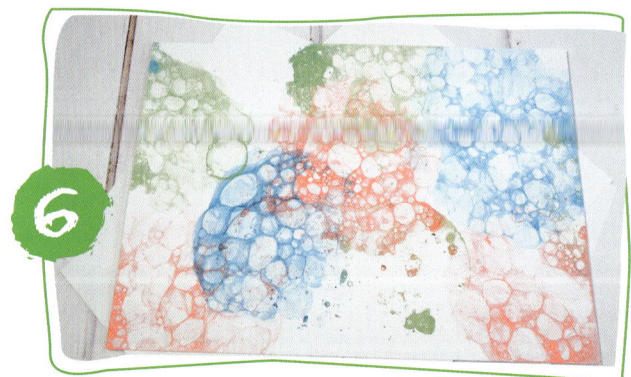

7

Du kannst Seifenblasenmuster
auch herstellen, indem du die
Becher neigst und so lange hinein-
pustest, bis der Schaum überfließt
und auf dein Blatt Papier fällt.

Was ist hier los?

Seifenblasen bestehen aus einer sehr dünnen Schicht Wasser. Die Seife macht die Wasseroberfläche so stabil, dass die Blasen nicht zusammenfallen.

Die Seifenmoleküle schwimmen auf der Wasseroberfläche, alle dicht nebeneinander wie bei einem großen Menschengedränge. Sie bilden eine Art „Haut" auf beiden Seiten des dünnen Wasserfilms. Wenn das Wasser gefärbt ist, sammelt sich die Farbe in diesem dünnen Film und hinterlässt einen Abdruck dort, wo die Seifenblasenwände aufs Papier treffen.

Welche Formen oder Muster erkennst du in deinen Seifenblasenbildern?

Für Schlauberger

Sieh dir mit deinem Kind die Muster, die der Schaum hinterlassen hat, genau an. Fällt dir etwas an der Art auf, wie die bunten Linien aufeinander treffen und sich kreuzen?

Es wird dir schwerfallen, eine Kreuzung zu finden, wo vier oder mehr Seifenblasen-wände aufeinander treffen. Die Kreuzungen sind immer dreigeteilt, so wie der Mercedes-Stern. Das ist ein Hauptmerkmal von Schaum: In einer Schaumschicht kleben immer drei Seifenblasen aneinander. Wenn durch Zufall vier Seifenblasen aufeinander treffen, ordnen sie sich sofort in Dreier-Kreuzungen neu an. Diese Form ist den Seifenblasen am „angenehmsten".

Seifenblasenwände legen sich in Dreier-gruppen aneinander

Auch einen Versuch wert

Du kannst deine Seifenblasenbilder auch als Grundlage für ein eigenes Meisterwerk verwenden, indem du mit Bunt- oder Filz-stiften die Bilder in Monster, Insekten oder Häuser mit vielen Zimmern verwandelst. Fertige mit diesen wunderschönen Seifen-blasenbildern eine Grußkarte für jemanden an, den du gern hast.

Glibber-schleim

Das glibberigste Zeug der Welt herstellen

Du brauchst

✔ zwei Becher Speisestärke
✔ einen Becher Wasser
✔ eine große Schüssel

Du lernst

dass manche Dinge sowohl
flüssig als auch fest sein
können, je nachdem, was
du mit ihnen anstellst.

So lange dauert's

25 Minuten

Und so geht's

1

Gib die Speisestärke und das
Wasser in eine große Schüssel.
Wenn du magst, kannst du für
farbigen Schleim Lebensmittelfarbe hinzufügen.

2

Vermische das Ganze mit den
Händen. Sollte noch trockene
Speisestärke zu sehen sein,
füge noch etwas Wasser hinzu.

Wenn du eine Handvoll Schleim herausnimmst und ihn schnell in deinen Händen rollst oder knautschst, klebt er wie Spachtelmasse oder Ton zusammen. Aber sobald du ihn ruhig in den Händen hältst, wird er wieder flüssig und rinnt dir durch die Finger.

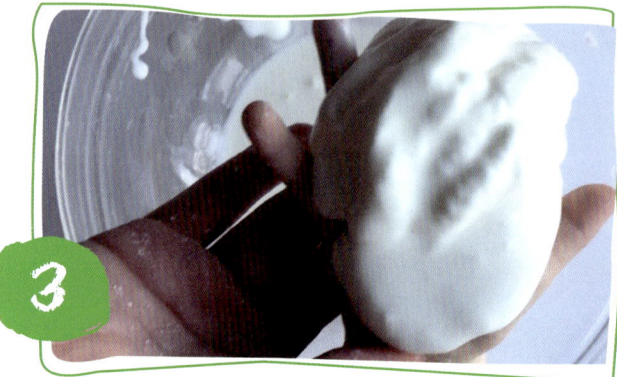

3

Was meinst du, würde passieren, wenn du in ein Schwimmbecken voller Schleim springst? Könntest du darin schwimmen?

?

4

Stups mal den Schleim in der Schüssel mit einem Finger an: Er federt zurück, als wäre er aus Gummi, und dein Finger bleibt sauber. Aber bohr deinen Finger langsam hinein und der Schleim fühlt sich flüssig an.

5

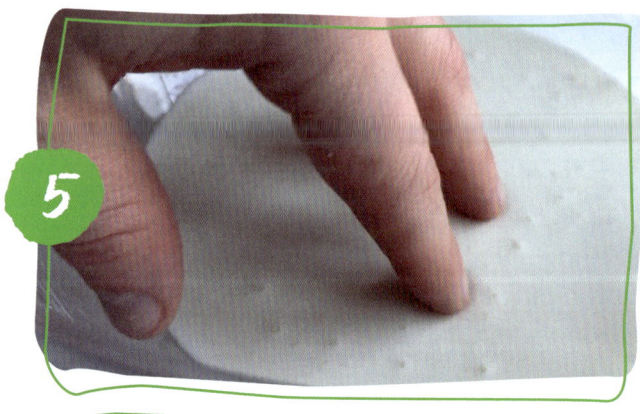

Lass die Kinder damit spielen und herumexperimentieren. Das wird eine Riesensauerei!

6

Was ist hier los?

Der Glibberschleim ist ein Beispiel für eine dilatante Flüssigkeit, was schlicht bedeutet, dass er dicker und zähflüssiger wird, wenn man ihn schnell rührt. Das liegt daran, dass die winzigen Körnchen der Speisestärke zusammengepresst werden und sich ineinander verhaken. Werden sie langsam zusammengepresst, haben sie Zeit, sich aus dem Weg zu gehen. Aber wenn es zu schnell passiert, werden sie eingeklemmt. Es ist ein bisschen so, als würde man versuchen eine Menschenmenge zu durchqueren: Wenn du versuchst, durch sie hindurchzurennen, wirst du wahrscheinlich mit anderen zusammenstoßen, weil sie keine Zeit haben, dir auszuweichen.

Menschen stellen schon sehr lange solche Mischungen her – Puddingpulver, in dem sich zum Andicken Speisestärke befindet, ergibt auch einen (ziemlich leckeren) Schleim. Aber Wissenschaftler versuchen immer noch herauszufinden, wie genau die Bewegung der Teilchen zu Dilatanz führt.

Für Schlauberger

Der Schleim ist ein Beispiel für ein sogenanntes nicht-newtonsches Fluid. Seinen Namen hat es von Sir Isaac Newton, der untersuchte, wie normale Flüssigkeiten sich verhalten. Er stellte fest, dass ihre Viskosität immer gleich bleibt. Sie werden also weder dick- noch dünnflüssiger, wenn sie fließen. Ein Beispiel dafür ist Wasser.

Aber nicht-newtonsche Flüssigkeiten – also solche, die sich anders verhalten als die von Newton untersuchten – verändern ihre Viskosität. Einige werden dünner und flüssiger, wenn sie fließen: zum Beispiel Honig oder Ketchup. Aber unser Schleim macht das Gegenteil: Je schneller er fließt, umso dicker wird er.
Solche Veränderungen können wichtig sein. Einige Sandböden können sich wie nicht-newtonsche Flüssigkeiten verhalten. Sie sind fest, wenn alle Körner eng beieinanderliegen, werden aber weich und fließend, wenn sie in Schwingung versetzt werden. Das kann zum Beispiel passieren, wenn Erdbeben den Boden erschüttern und einen Effekt hervorrufen, der Verflüssigung genannt wird.

Auch einen Versuch wert

Stell den Glibberschleim auf einem Tablett auf einen großen Lautsprecher. Was passiert, wenn laute Töne gespielt werden?

Hier sieht man die Auswirkung einer Boden-Verflüssigung während eines Erdbebens in Christchurch, Neuseeland, im Jahr 2011.

Zauber-becher

Machst du ihn zu voll, entleert er sich von ganz alleine

Du brauchst

✔ einen Cutter
✔ mit Lebensmittelfarbe gefärbtes Wasser
✔ ein kleines Stück Klebepad
✔ einen durchsichtigen Wegwerf-Plastikbecher
✔ einen Knickstrohhalm
✔ irgendetwas zum Wasserauffangen, z.B. eine Flasche – außer ihr macht diesen Versuch draußen
✔ einen Krug oder ein Glas zum Einschenken

Du lernst

wie man Wasser dem Anschein nach bergauf laufen lassen kann.

So lange dauert's

25 Minuten

Und so geht's

1

Schneide mit einem Cutter ein Loch in den Boden des Plastikbechers, gerade groß genug, um den Strohhalm hindurchzustecken.

2

Knick das obere Ende des Strohhalms um und schieb ihn hindurch, bis die obere Strohhalmöffnung den Becherboden berührt.

3

Versiegle das Loch mit einem Klebepad von außen – so bleibt zudem der Strohhalm fest an seinem Platz.

Stell den Becher oben auf die Flasche, sodass der Strohhalm nach unten in sie hineinragt.

4

Jetzt gieß das farbige Wasser in den Becher.

5

6

Sobald das Wasser über den Knick im Strohhalm reicht, beginnt es den Strohhalm hinaufzulaufen und dann hinunter in die Flasche.

Das geht so weiter, bis der Becher leer ist (vorausgesetzt, das obere Ende des Strohhalms berührt den Boden des Bechers) – das Wasser steigt den Strohhalm hinauf und fällt dann hinter dem Knick nach unten.

7

Was ist hier los?

Du hast einen Saugheber gebaut. Wenn der Wasserspiegel im Becher über den Knick im Strohhalm reicht, fließt das Wasser im Strohhalm über den Knick in die Flasche darunter. Und wenn es erst einmal angefangen hat zu fließen, hört es nicht wieder auf. Die Schwerkraft zieht die Wassersäule im Strohhalm nach unten, und während sie fällt, „zieht" sie mehr Wasser aus dem Becher über den Knick hinter sich her, weil die Wassermoleküle aneinanderhaften. Das Wasser ist also wie eine Kette, die durch den Strohhalm nach unten gezogen wird.

Außerdem wird dieser Wasserfluss noch durch den Luftdruck (siehe S. 157) unterstützt, der auf dem Wasser im Becher lastet. Das ist aber nicht wichtig – Saugheber funktionieren auch bei niedrigerem Luftdruck oder sogar im Vakuum.

Für Schlauberger

Es heißt, dass der sich selbst entleerende Becher von dem antiken griechischen Philosophen Pythagoras erfunden wurde. Die Geschichte besagt, dass er seinen Schülern Wein gab – aber wenn jemand gierig war und versuchte sich mehr einzuschenken als die anderen, bekam derjenige den „Becher der Gerechtigkeit" –, der sich selbst entleerte, wenn man ihn über ein bestimmtes Niveau füllte.

Er funktioniert genauso wie der Becher, den du gerade gebastelt hast. In seinem Inneren befindet sich ein gebogenes Röhrchen (wie ein Trinkhalm), das von einer hohen Kappe in der Mitte verborgen wird. Das Röhrchen führt durch den Glasstiel nach unten und fließt dort aus. Machst du das Glas zu voll, tritt der Saugheber in Kraft – und dein Getränk landet in einer Pfütze. Diesen Becher kann man immer noch als Souvenir in Griechenland kaufen.

Auch einen Versuch wert

Du kannst Wasser auch noch anders dazu kriegen, bergauf zu laufen. Stell fünf Becher nebeneinander und füll den ersten, den dritten und den fünften bis zur Hälfte mit blau, gelb und rot gefärbtem Wasser. Dann verbinde mit zusammengefaltetem Küchenpapier jeden gefüllten Becher mit dem leeren Becher daneben. Die Enden des Küchenpapiers müssen im Farbwasser hängen.

Was passiert nach etwa einer halben Stunde? Wenn sich bereits in jedem Glas Wasser befindet, dann markiere den Wasserstand in jedem Glas und lass alles mehrere Stunden oder über Nacht stehen. Vergleiche, wie der Wasserstand sich verändert hat.

Fällt dir etwas ein, wo ein Saugheber im Haushalt eingesetzt wird?

Versteinerte
Dinosauriereier

**Kannst du das Dinosaurierbaby
aus seiner festen Schale befreien?**

Du brauchst

✔ einen Plastikdino –
mit neuen geht es immer
am besten
✔ Luftballons
✔ einen Hammer
✔ eine Schutzbrille

Du lernst

Hier bekommst du die
Gelegenheit, über Dinosaurier
und Fossilien zu reden und
über die verschiedenen
Arten, wie Babytiere geboren
werden.

So lange dauert's

45 Minuten

Muss einen Tag im Voraus zum Gefrieren vorbereitet werden.

Und so geht's

Blas den Luftballon einmal auf und
lass die Luft wieder raus. Dadurch
wird der Gummi geschmeidiger.
Stülp den Ballon jetzt vorsichtig
über einen Dinosaurier. Pass auf,
dass der Ballon dabei nicht durch-
löchert wird. Nimm lieber kleine
Figuren, die gehen leichter rein.

Zieh den Luftballonhals über einen
Wasserhahn und fülle den Ballon mit
Wasser, sodass er durch das Wasser
aufgeblasen wird. Dann verknote
das Ende.

Am besten bereitest du gleich
mehrere Eier vor!

Leg die Luftballons über Nacht
ins Gefrierfach.

Wenn das Wasser komplett gefroren ist, hol das „Ei" heraus und zieh die Ballon„haut" ab.

4

Bitte das Kind, eine Schutzbrille aufzusetzen, und lass es mit dem Hammer vorsichtig das Eis um den Dino herum wegklopfen und ihn befreien. Am besten macht ihr das draußen.

5

6

Dinosaurier-Eier gab es in verschiedenen Formen: von kugelförmig bis länglich, mit einem spitzen Ende wie bei einem Vogelei oder zwei symmetrischen Enden. Das kleinste Dinosaurier-Ei, das je entdeckt wurde, war kleiner als ein Hühnerei, während das größte über 60 cm lang war.

?

Kennst du noch andere Tiere, die große Eier legen?

7

Was ist hier los?

Natürlich wurden Dinosaurier nicht aus festen Eiern geboren. Dinosaurier waren Reptilien und legten große Eier mit Eidotter, aus denen ihre Jungen schlüpften. Aber die Dinosaurier-Eier, die wir heute finden, sind zu Fossilien geworden, sie sind also versteinert.

Unterhaltet euch darüber, wie einige Tiere (Reptilien, Vögel, Insekten) Eier legen und andere (Säugetiere) ihre Kinder wie Menschen lebend gebären.

Auch einen Versuch wert

Für magische Eier füge Farbe, Glitzer, Blumen oder Blätter hinzu.
Statt eines Hammers kannst du die Eier auch mit warmem Wasser schmelzen.

Für Schlauberger

Man hat viele versteinerte Dino-Eier gefunden, einige von ihnen mit Babydinosauriern im Inneren. Sie sind nicht so groß, wie du vielleicht erwartest – meistens um die 25 cm. Das ist nicht größer als das größte bekannte Vogelei, das von den straußartigen Elefantenvögeln auf Madagaskar gelegt wurde, die vor 1 000 Jahren ausstarben.

Vögel legen Eier, unter anderem, weil sie direkte Nachfahren der Dinosaurier sind. Der Archaeopteryx war der erste vogelähnliche Dinosaurier mit Flügeln. Er lebte vor etwa 125 Millionen Jahren und konnte nur kurze Strecken fliegen. Zu dieser Zeit beherrschten Tiere wie der Pterodactylus und der Pterandon die Lüfte. Diese und andere Flugsaurier waren keine richtigen Dinosaurier, sondern fliegende Reptilien.

Die versteinerten Eier eines Hadrosaurus, der vor etwa 80 Millionen Jahren lebte.

Wasser-wunder

Wasser an einer Schnur entlanggießen

Du brauchst

✔ ein Stück Schnur, etwa 45 cm lang, die Wasser aufsaugen kann (also kein Plastik)
✔ zwei durchsichtige Plastikbecher oder Messbecher
✔ Lebensmittelfarbe
✔ Klebeband
✔ Wasser

Du lernst

wie man Wasser seitwärts-gießt.

So lange dauert's

15 Minuten

Und so geht's

Als erstes legst du die Schnur ins Wasser, bis sie gut durchfeuchtet ist.

1

Dann legst du ein Schnurende in jeden Becher.

2

Klebe im Inneren beider Becher das Schnurende knapp unter dem Rand fest.

Füll den einen Becher bis zur Hälfte mit Wasser und gib Lebensmittelfarbe hinein. (Mit Farbe lässt sich besser erkennen, was hier passiert.)

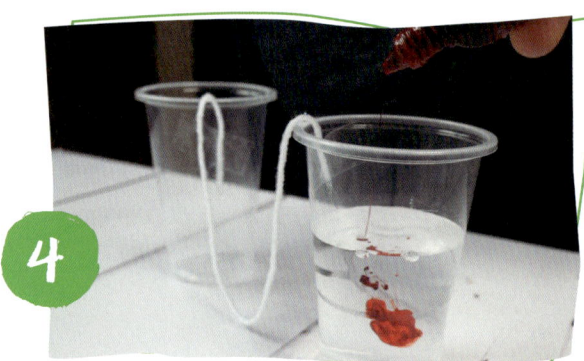

Hebe den gefüllten Becher hoch, sodass die Schnur gerade so (oder fast) gespannt ist. Dann neige den Becher vorsichtig, sodass das Wasser auf die Schnur läuft. Bevor du anfängst zu gießen, vergewissere dich, dass die Schnur immer noch feucht und nicht getrocknet ist, sonst funktioniert das Experiment nicht.

Das Wasser läuft an der Schnur entlang in den anderen Becher.

Was ist hier los?

Das Wasser haftet durch Oberflächenspannung (siehe S. 175) an der Schnur. Dadurch fließt es nicht einfach weg, sondern an der Schnur entlang, während es von der Schwerkraft nach unten gezogen wird. Wasser „haftet auch aneinander" (siehe S. 127), sodass es nicht so leicht wegtropft.

Dieses Haften von Wasser an der Schnur ähnelt einem Effekt, der Kapillareffekt genannt wird – dabei steigt das Wasser aufgrund seiner Oberflächenspannung in Fasern hoch. Aber hier steigt das Wasser nicht einfach, sondern es fließt aufgrund der Schwerkraft die Schnur hinunter.

Wasser gibt es in drei verschiedenen Zuständen: flüssig, fest und gasförmig. Wie wird Wasser in dem jeweiligen Zustand genannt?

Für Schlauberger

Genauso wie Wasser durch seine Oberflächenspannung an einer Schnur haften kann, so haftet es auch an einem Spinnennetz. Am frühen Morgen kann Wasserdampf in der feuchten Luft die Spinnennetzfäden mit einem Film aus Tau überziehen, der wegen der „Haftung" zwischen Wasser und Seidenfäden nicht herunterfällt.

Aber das Wasser überzieht das Netz nicht gleichmäßig. Ein Wasser„schlauch", der auf einem Seidenfaden des Netzes liegt, bricht in eine Reihe Tropfen auf, die sich in ziemlich gleichmäßigen Abständen auf dem Faden verteilen und eine Art „Perlenschnur"-Effekt hervorrufen. Besonders schön ist dieser anzuschauen, wenn sich die Sonnenstrahlen darin verfangen.

Tautropfen an einem Spinnennetz.

Auch einen Versuch wert

So kann man die Oberflächenspannung von Wasser senken: Füll eine Schüssel mit Wasser und streue gemahlenen Zimt auf die Oberfläche. Jetzt tippe ein Wattestäbchen in Spülmittel und berühre damit vorsichtig die Wasseroberfläche. Was passiert mit dem Pulver?

Schnell

Magisches Band

Verblüffende Papierringe mit besonderem Dreh

Du brauchst

✔ ein Blatt Papier in DIN A4
✔ Klebeband oder Klebestift
✔ eine Schere

Du lernst

ein Teilgebiet der
Mathematik kennen, das
Topologie genannt wird.
Dabei geht es um die Form
von Gegenständen.

So lange dauert's

10 Minuten

Und so geht's

1

Markiere Längsstreifen von etwa
4-5 cm Breite auf dem Blatt Papier und
lass sie von deinem Kind ausschneiden.
Für dieses Experiment werden drei
Streifen benötigt.

2

Bitte das Kind, die Enden von jedem
Streifen aneinanderzukleben. Dabei
soll es einen der Streifen zu einem
einfachen Ring zusammenkleben.

3

Den nächsten Streifen verdrehst
du einmal, bevor ihr die Enden
zusammenklebt.

Beim dritten Streifen verdrehst du ein Ende zweimal, bevor ihr ihn zusammenklebt.

Frag das Kind, was es glaubt, was passieren wird, wenn es die Streifen der Länge nach in der Mitte in zwei Hälften schneidet. Dann bitte das Kind, vorsichtig zu schneiden und es herauszufinden.

Der einfache Papierring teilt sich in zwei einzelne Ringe.

Aber der einmal verdrehte Ring wird zu einem einzigen größeren verdrehten Ring, wenn man ihn in der Hälfte durchschneidet.

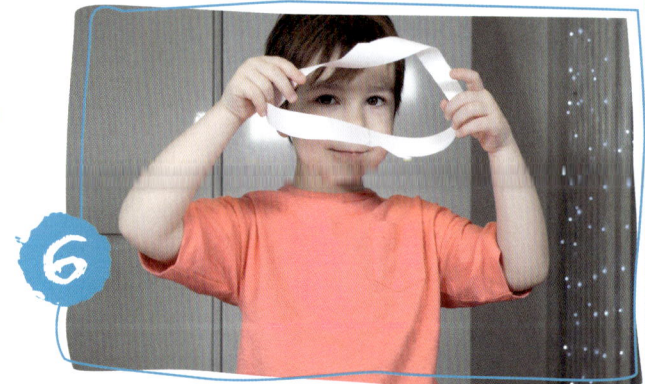

Und der zweimal verdrehte Ring wird zu zwei miteinander verbundenen verdrehten Ringen.

Fallen dir mit Knete noch ganz andere Formen ein, die topologisch dieselben sind?

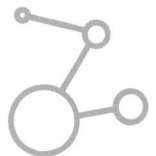

Was ist hier los?

Der einmal verdrehte Ring ist auch unter dem Namen Möbiusband oder -schleife bekannt, nach dem deutschen Mathematiker, der im 19. Jh. seine Eigenschaften untersucht hat.

Eigenartig am Möbiusband ist, dass es nur eine Seite und daher nur eine Kante hat. (Probier es selbst aus: Fahr mit dem Finger über die Kante und markiere deinen Startpunkt mit einem Stift.) Du musst zweimal „im Kreis fahren", um wieder beim Ausgangspunkt anzukommen – die Kante ist zweimal so lang wie der ursprüngliche Streifen. Wenn du den Streifen in der Mitte durchschneidest, "befreist" du seine Kante und schaffst mit dem Schnitt eine neue, sodass du einen Ring erhältst, der zweimal so lang ist.

Topologische Verwandtschaft: Wie man einen Donut in eine Kaffeetasse verwandelt.

Für Schlauberger

Die Topologie ist ein Teilgebiet der Mathematik, das sich mit Formen beschäftigt. Zwei Gegenstände aus Ton sind topologisch gleich, wenn du sie von der einen Gestalt in die andere verformen kannst, ohne Löcher zu machen oder welche zu zerstören. Z.B. kannst du eine Kugel in einen Würfel umformen. Aber kannst du eine Kugel zu einem Donut umformen? Nur, wenn du sie plattdrückst und ein Loch in die Mitte bohrst – oder du machst ein Loch, indem du sie zu einem Zylinder rollst und die Enden zusammenfügst.

Donutformen sind daher topologisch verschieden von Kugeln und Würfeln. Sie gleichen topologisch allerdings Tassen mit Henkeln: Du kannst die eine Form in die andere überführen, indem du den Ton verformst, ohne Löcher hinzuzufügen.

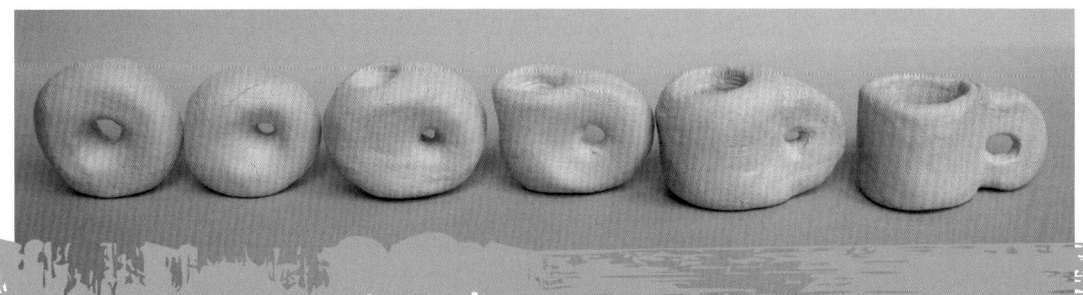

Auch einen Versuch wert

Um zu zeigen, dass das Möbiusband nur eine Seite hat, lass das Kind jede Seite der Papierringe in einer anderen Farbe anmalen. Das geht bei dem einfachen, nicht verdrehten Ring. Aber wenn sie sich am Möbiusband entlangarbeiten, werden sie feststellen, dass sie solange weitermachen, bis beide Seiten

dieselbe Farbe haben und sie wieder da sind, wo sie angefangen haben.
Versuch auch mal das Möbiusband nicht in der Mitte durchzuschneiden, sondern etwa ein Drittel vom Rand entfernt. Du wirst sehen, dass du zweimal komplett im Kreis schneiden musst, bevor du wieder am Ausgangspunkt anlangst. Und was erhältst du dann?

Farben aus dem Nichts

Wer findet heraus, wieso sich Wasser durch bloßes Schütteln verfärbt?

Du brauchst

✔ Wasser
✔ Lebensmittelfarbe – am
  besten vier oder fünf
  verschiedene Farben
✔ Durchsichtige Glas- oder
  Plastikbecher oder
  Flaschen mit Deckel,
  pro Farbe einen
✔ Wattestäbchen

Du lernst

Das ist eine Überraschung!
Aber wie ist das möglich?

So lange dauert's

10 Minuten

Und so geht's

1

Füll alle Becher mit Wasser, dann
gib ein paar Tropfen Lebensmittelfarbe in jeden Deckel. Nimm für
jede Flasche eine andere Farbe.

2

Verschmier sie ein wenig mit
dem Wattestäbchen, sodass sie
nicht heruntertropft, wenn du den
Deckel zuschraubst.

Dann schraub den Deckel zu.
Die Flaschen sehen aus, als wäre
nur Wasser in ihnen.

3

Aber wenn du sie schüttelst,
verfärbt sich das Wasser wie durch
Zauberhand.

4

5

Auch einen Versuch wert

Wenn ihr nun schon farbiges Wasser
habt, kann dein Kind die Farben auch
untereinander in einem Glas mischen,
sodass neue entstehen.

6

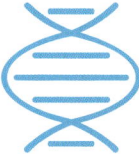

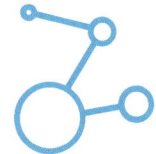

Was ist hier los?

Wenn man es weiß, ist es natürlich ganz klar, oder? Aber probier erst mal aus, ob dein Kind von selbst dahinterkommt. Dann kann es seine Freunde mit dem Trick beeindrucken.

Was passiert, wenn du eine Primärfarbe mit ihrer gegenüberliegenden Sekundärfarbe mischst?

Kannst du einen eigenen echten Regenbogen erschaffen, indem du an einem sonnigen Tag Wasser verspritzt?

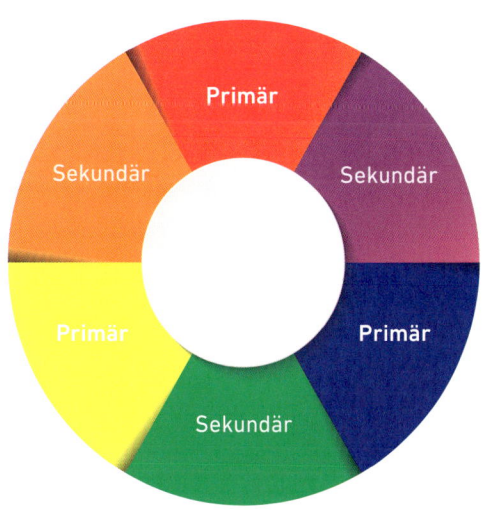

Der Farbkreis mit den drei Primär- und drei Sekundärfarben. Die Sekundärfarben erhält man, wenn man die beiden Primärfarben zu beiden Seiten im Kreis miteinander mischt.

Für Schlauberger

Oft lernen wir, dass der Regenbogen sieben Farben hat – Rot, Orange, Gelb, Grün, Blau, Indigo und Violett. Aber tatsächlich lassen die meisten Wissenschaftler heute nur sechs davon gelten: die drei Primär- und die drei Sekundärfarben. Woher kommt also diese Extra-Farbe?

Die beiden letzten – Indigo und Violett – sind beide ein Farbton von Lila. Indigo ist ein tiefblaues Lila, während Violett ein eher rötliches Lila ist. Doch alle Farben des Regenbogens gehen ineinander über: Wir können schlecht sagen, wo der eine Farbton endet und der nächste beginnt. „Indigo" und „Violett" sind tatsächlich nur Blautöne, die allmählich in Lila übergehen.
Der Grund, warum dieser Teil des Regenbogens drei- und nicht zweigeteilt wurde, liegt wieder mal an Sir Isaac Newton, der herausgefunden hat, wie Regenbogen entstehen, wenn das Sonnenlicht durch Regentropfen scheint. Er fand, dass es sieben Farben im Regenbogen geben sollte, genau wie es sieben Noten auf einer Tonleiter gibt. Aber warum sollte es in beiden Fälle dieselbe Anzahl an Stufen geben? Dafür gab es keinen guten Grund! Isaac Newton hat das einfach so beschlossen. Heute wissen wir es besser, und die meisten Wissenschaftler würden sagen, dass es nur sechs Regenbogenfarben gibt. So lässt sich das Ganze auch klarer ordnen: drei Primär- und drei Sekundärfarben, die durch das Mischen von jeweils zwei Primärfarben entstehen. Wie diese Farben alle zusammenhängen, kannst du am besten an einem Farbkreis zeigen.

Die Kraft der Magnete

Wenn wir etwas zwischen einen Metallgegenstand und einen Magneten legen, haftet er dann immer noch an ihm?

Du brauchst

✔ einen großen Haufen Büroklammern (um die 100)
✔ einen starken Magneten oder mehrere kleine zusammen
✔ ein dünnes Buch oder eine Zeitschrift

Du lernst

dass die Magnetkraft auch durch Gegenstände hindurch reicht.

So lange dauert's

10 Minuten

Und so geht's

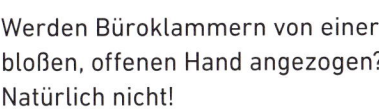

Schütte die Büroklammern auf einen Haufen.

Werden Büroklammern von einer bloßen, offenen Hand angezogen? Natürlich nicht!

Aber dann legen wir die Hand oben auf den Haufen und legen den Magneten drauf.

Wenn das Kind seine Hand hebt, gehen die Büroklammern mit und baumeln in langen Ketten herab. (Keine Sorge – die Magnetkraft ist unschädlich, wenn sie durch die Hand geht.)

Versuch es auch mit einem Buch, auf dem der Magnet liegt.

Schau zu, wie das Kind den Magneten von seiner Hand pflückt, oder von dem Buch, und alle Büroklammern herunterfallen.

Oder häufe die Büroklammern direkt auf den Magneten. Sie lassen sich jetzt fast wie Ton formen.

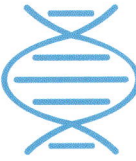

Was ist hier los?

Magnete produzieren eine magnetische Kraft, die Eisen oder Stahl anzieht – daraus sind Büroklammern gemacht. Wenn der Magnet stark genug ist, kann diese Kraft geradewegs durch Dinge wie eine Hand oder ein Buch dringen.

Solltest du mehrere Magnete haben, vergleiche sie miteinander. Welcher ist der stärkste? Das kannst du herausfinden, indem du ausprobierst, wie viele Büroklammern in einer Kette der Magnet hält.

?

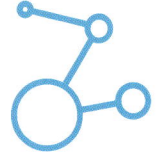

Für Schlauberger

Wenn ein Metallgegenstand wie eine Büroklammer sich nah an einem Magneten befindet, kann sie auch magnetisch werden und andere Büroklammern anziehen.

Du kannst sogar eine Nadel aus Stahl in einen Magneten verwandeln, indem du mit einem starken Magneten immer in dieselbe Richtung über sie „streichst". Wenn du die Nadel dann durch einen Korken stichst und sie im Wasser schwimmen lässt, verhält sie sich wie ein Kompass und richtet wegen des Magnetfeldes der Erde ihre Spitze gen Norden. Aber nach und nach verliert die Nadel ihre magnetische Eigenschaft wieder.

Auch einen Versuch wert

Nicht alle Metalle sind magnetisch. Finde heraus, welche magnetisch sind und welche nicht. Probier es mal mit verschiedenen Münzen, Schlüsseln, Besteck, Metallrohren usw.

Ein selbst gebastelter Kompass.

Das unsinkbare Schiff

Es taucht unter die Wasseroberfläche, wird aber nicht nass

Du brauchst

✔ ein Stück Papier von etwa 7 x 10 cm
✔ eine große, mit Wasser gefüllte Glasschüssel
✔ ein Glas oder eine kleine Schüssel

Du lernst

wie Luft in Behältern unter Wasser bleibt.

So lange dauert's

10 Minuten

Und so geht's

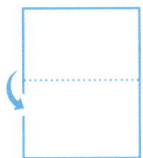  

1

Falte nach der Anleitung ein Papierboot. Wenn du Papier von der Größe 7 x 10 cm nimmst, sollte das Boot in ein normales Glas passen.

Lass das Boot auf dem Wasser in der Schüssel schwimmen.

2

3

Stülpe das umgedrehte Glas darüber.

4

Senke das Glas mit dem Boot darin ins Wasser, bis der Rand den Boden der Schüssel berührt.

5

Dann hebe das Glas vorsichtig wieder hoch.

6

Das Boot scheint geradewegs unter Wasser getaucht worden zu sein, aber wenn du das Glas wegnimmst, ist das Boot oben immer noch trocken und kein Wasser ist hineingelaufen. Wie kann das sein?

Was ist hier los?

Das Boot bleibt in der Luftblase, die im Glas gefangen ist. Wenn das Glas und das Boot auf dem Boden der Schüssel auftreffen, sieht es so aus, als wären sie vollständig untergetaucht. Aber tatsächlich ist das Glas mit Luft gefüllt und nicht mit Wasser.

Wir halten das Glas für „leer", wenn kein Wasser darin ist. Aber in Wirklichkeit ist es voller Luft, und die Luft kann nirgendwohin entweichen, solange das Glas verkehrt herum gehalten wird. Also bleibt es im Glasinneren trocken, obwohl das Glas sich unter der Wasseroberfläche befindet.

> Wusstest du, dass die älteste Origami-Zeichnung (Papierfalten) in Europa 1490 von Johannes de Sacrobosco angefertigt wurde und exakt ein solches Papierboot zeigte wie das, das du gerade gefaltet hast? **?**

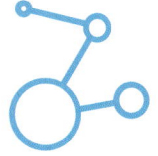

Für Schlauberger

Wir haben eine Taucherglocke gebastelt. Das war die früheste Form eines „U-Boots", damit Menschen unter Wasser überleben konnten. Einige alte Aufzeichnungen behaupten, dass die Griechen gläserne Taucherglocken verwendet haben, um das Mittelmeer unter Wasser zu erkunden, aber mit Sicherheit wissen wir das nicht. Die ersten modernen Taucherglocken, die mit Menschen im Inneren hinabgelassen wurden, stammen aus dem 16. Jh. Sie mussten sorgfältig austariert werden, damit sie nicht umkippten und die Luftblase entwich.

Allerdings wird der Sauerstoff in der Luft, den Taucher zum Überleben brauchen, beim Atmen aufgebraucht. Darum können sie nicht lang unter Wasser bleiben, außer frische Luft wird durch einen Schlauch – oder von einem Druckluftzylinder an der Glocke – zu ihnen gepumpt. Auch heute noch setzt man Taucherglocken für Unterwassererkundungen eln.

Auch einen Versuch wert

Bastle einen Taucher, den du in einer Taucherglocke auf den Grund des Wassers schicken kannst. Dazu malst du ein Gesicht auf einen Tischtennisball und lässt ihn in der Schüssel schwimmen. Wenn du einen Plastikbecher genauso wie beim Boot über den Ball stülpst, bleibt der Becher bis zum Boden mit Luft gefüllt. Aber was passiert, wenn du ein kleines Loch oben (d. h. unten am Becherboden!) machst? Und was, wenn du deinen Finger über das Loch legst, bevor du den Becher untertauchst, und den Finger dann wegnimmst?

Eine frühe Tauchglocke.

Eine Flasche trotzt der Schwerkraft

Dreh die Flasche um und der Tischtennisball fällt nicht herunter

Du brauchst

✔ Wasser
✔ eine Glasflasche, deren Hals weit genug ist, um einen Tischtennisball zu halten
✔ einen Tischtennisball
✔ ein großes Tablett, falls etwas verschüttet wird

Du lernst

etwas über die „Saugkraft" von Vakuum.

So lange dauert's

10 Minuten

Und so geht's

1

Stell die Flasche auf das Tablett und füll sie bis obenhin mit Wasser, bis sie fast überläuft.

2

Leg den Tischtennisball auf den Flaschenhals.

Dann dreh die Flasche kopfüber.

Der Tischtennisball bleibt,
wo er ist!

Lass es auch mal dein Kind versuchen (und kipp das Wasser danach vielleicht aus).

Würde ein Staubsauger in einem Vakuum funktionieren?

?

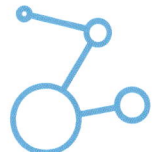

Was ist hier los?

Damit das Wasser aus der Flasche tritt, muss es durch etwas ersetzt werden. Normalerweise übernimmt das die Luft, aber das kann sie hier nicht, weil der Tischtennisball den Flaschenhals blockiert.

Doch warum muss das Wasser überhaupt durch etwas ersetzt werden? Wieso läuft es nicht einfach aus, wo es doch von der Schwerkraft nach unten gezogen wird? Wenn das Wasser aus der Flasche gezogen wird, ohne dass es durch etwas ersetzt wird, würde ein Vakuum entstehen – ein Raum mit nichts, nicht einmal Luft darin. Um das zu bewerkstelligen, wäre eine Menge Kraft nötig, und in diesem Fall ist die Schwerkraft nicht stark genug.

Der antike griechische Philosoph Aristoteles nannte das den „Horror der Natur vor der Leere". Damit meinte er, dass die Natur das Wasser nicht einfach so herauslassen würde, ohne dass der zurückgebliebene leere Raum gefüllt wird.

Eine etwas wissenschaftlichere Erklärung wäre, dass die Luft um uns herum Druck ausübt. Luft ist sehr leicht, aber nicht gewichtslos und über uns befindet sich buchstäblich kilometerweise Luft, die auf uns niederdrückt. Der Luftdruck drückt auf den Tischtennisball und sorgt dafür, dass kein Vakuum hinter ihm entsteht.

Der wahre Grund, warum die „Natur einen Horror vor der Leere hat" liegt also darin, dass man gegen den gesamten Luftdruck arbeiten muss, um ein Vakuum zu erzeugen.

Für Schlauberger

Wenn man über Vakuum spricht, denken viele Menschen gleich an Staubsauger. Sie funktionieren, indem ein Gebläse Luft nach draußen pustet und so ein Vakuum erzeugt (na ja, ein Teil-Vakuum – genau genommen sorgt das Gebläse für einen niedrigeren Druck im Inneren des Staubsaugers).

Dadurch entsteht eine Saugwirkung: Luft strömt in den Staubsaugerschlauch, angeschoben von dem Luftdruck außerhalb des Gerätes. Kleinere Gegenstände – z.B. Staubkörnchen, Krümel, kleine Spielzeugteile – werden von der einströmenden Luft mitgezogen. Im Prinzip ist das dieselbe Saugwirkung, durch die der Tischtennisball an Ort und Stelle bleibt.

Auch einen Versuch wert

Du kannst den Flaschenhals auch mit anderen Sachen verschließen. Versuch es mit einer Post- oder Spielkarte, die du auf die Flasche legst und festhältst (damit sie nicht herunterrutscht), während du die Flasche auf den Kopf drehst. Dann nimm deine Hand weg. Irgendwie sieht dieser Trick fast noch verblüffender aus. Unser Verstand „sagt" uns vielleicht, dass der Tischtennisball wie ein Korken im Flaschenhals steckt (obwohl er das nicht tut), aber bei der Karte funktioniert diese „Ausrede" natürlich nicht.

Funktioniert dieser Trick auch, wenn die Flasche halb mit Wasser und halb mit Luft gefüllt ist? Experimentiere mit verschiedenen Wassermengen, um herauszufinden, wie viel Wasser du brauchst, damit die Karte liegen bleibt.

Bunt

Schwimmende Bilder

So machst du Bilder, die buchstäblich abheben

Du brauchst

✔ Wasser
✔ Whiteboard-Marker
  (mit neuen funktioniert's
  am besten)
✔ einen Keramikteller

Du lernst

dass einige Bilder sich
von ihrem Untergrund
freischwimmen können.

So lange dauert's

20 Minuten

Und so geht's

Teste alle Whiteboard-Marker, damit sie
für diesen Versuch auch funktionieren.
Zeichne mit jedem Marker einen Punkt
auf einen Teller und gib Wasser darauf.
Nur wenn die Punkte schwimmen, sind
die Stifte brauchbar.

Jetzt zeichne einfach etwas auf den
Teller.

Am besten malst du die Zeichnung
aus, damit sie besser zusammenhält,
aber mit Strichzeichnungen kann es
auch klappen.

1

Gieße vorsichtig etwas warmes
Wasser auf den Teller.

2

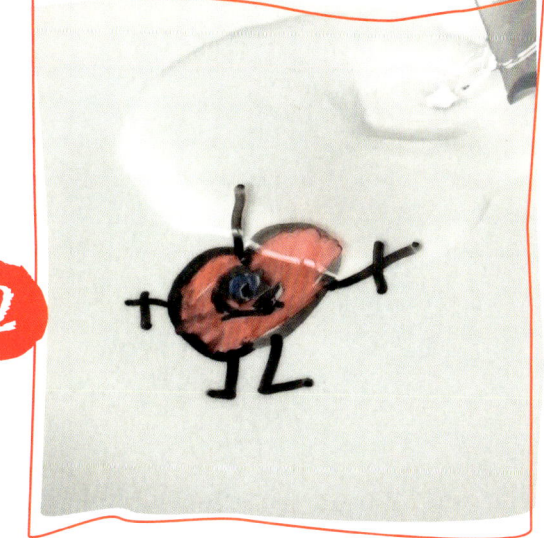

Die Zeichnung sollte sich vom Teller lösen und nach oben schwimmen

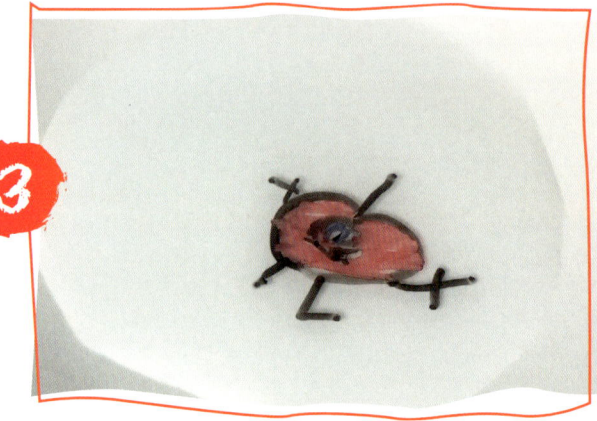

Versuch mal, sie mit einem Strohhalm herumzupusten.

Was passiert, wenn du es mit normalen Filzstiften versuchst?

Zeichne eine ganze Welt und schau zu, wie die einzelnen Teile um-einander herumschwimmen!

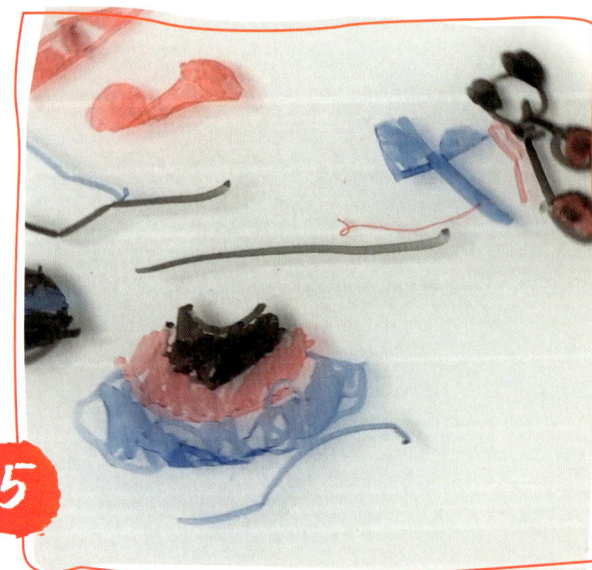

Was ist hier los?

Dieses Experiment zielt mehr darauf ab, Kreativität zu fördern, als Wissen zu vermitteln. Aber es funktioniert, weil die Farbe in den Whiteboard-Markern ein Polymer ist – eine Art Plastik –, das zu einem festen Film wird, wenn es trocknet, und sich in Wasser nicht auflöst. Auf der glatten Keramikoberfläche (mit Glas klappt es auch prima) hält es nicht besonders gut und wird daher vom Wasser einfach angehoben.

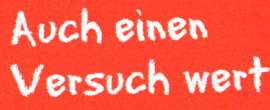

Auch einen Versuch wert

Wenn du genug mit deinen schwimmenden Bildern gespielt hast, dann leg ein Blatt Papier auf die Wasseroberfläche, um die Zeichnungen darauf zu übertragen.

Für Schlauberger

Whiteboard-Marker tun so ziemlich genau das Gegenteil von normalen Filzstiften. Die Farbe von Permanentmarkern soll man nicht abwischen können, daher hält sie auf fast jeder Oberfläche gut. Aber der Sinn von Whiteboard-Markern liegt gerade darin, sie leicht wieder abwischen zu können, darum haften sie nur schwach auf Oberflächen.

Doch es gibt noch einen zweiten wichtigen Grund, warum die Zeichnungen vom Wasser angehoben werden. Der Film aus der getrockneten Farbe hat eine geringere Dichte als Wasser. Darum wird die Zeichnung – genau wie ein auf dem Wasser tanzender Korken – nach oben getragen, wenn das Wasser sich unter sie schiebt und von ihrem Untergrund ablöst.

Permanentmarker lassen sich nicht auswaschen – aber man kann sie mit Alkohol entfernen.

Farbzauber im Glas

Mische die Sekundärfarben –
dann entmische sie wieder!

Du brauchst

✔ klares Babyöl
✔ Wasser
✔ Lebensmittelfarbe in Rot, Gelb und Blau
✔ Du brauchst von jeder Farbe zwei Arten: wasserlöslich (die bekommst du im Laden) und fettlöslich (die findet man im Online-Shop). Sie wird z.B. zum Färben von Schokolade verwendet.
✔ drei Gläser mit Deckel

Du lernst

dass die Sekundärfarben (Orange, Grün, Lila) durch das Mischen von zwei Primärfarben (Rot, Gelb, Blau) entstehen.

So lange dauert's

25 Minuten

Und so geht's

1

Als Erstes füllst du die Gläser bis zur Hälfte mit Wasser und gibst ein paar Tropfen wasserlösliche Lebensmittelfarbe in jedes Glas. Gut umrühren, damit sich die Farben ordentlich vermischen.

2

Dann füllst du das Glas mit Babyöl auf. Weil das Öl eine geringere Dichte hat als Wasser– die gleiche Menge Öl also weniger wiegt als Wasser – schwimmt es oben.

3

Jetzt mische ein paar Tropfen von einer der fettlöslichen Lebensmittelfarben unter die Ölschicht. Du kannst Gelb auf Blau geben, Rot auf Gelb und Blau auf Rot.

Verschließe die Gläser mit den Deckeln und bitte dein Kind, sie gut zu schütteln.

4

? Welche Farben müssen wir mischen, um gelb zu erhalten, wenn wir nicht Farben, sondern Licht mischen?

Vielleicht musst du ein wenig nachhelfen, weil man ziemlich kräftig schütteln muss, damit sich Öl und Wasser vermischen.

Während sich die Flüssigkeiten vermischen, mischen sich auch die Farben. Rot und Gelb wird zu Orange; Blau und Gelb wird zu Grün; und Rot und Blau wird zu Lila.

5

Die Flüssigkeiten trennen sich recht schnell wieder und sammeln sich erneut in den zwei Primärfarben – vielleicht nicht ganz perfekt, weil etwas von jeder Lebensmittelfarbe sich in der anderen Schicht aufgelöst hat. Dann kannst du noch mal schütteln.

6

Auch einen Versuch wert

Du kannst die gemischten Farben fixieren, indem du ein paar Tropfen Spülmittel in die Gläser gibst, bevor du sie schüttelst. Das Spülmittel enthält Seifenmoleküle, die die Oberfläche der Öltropfen mit einer wasserlöslichen Schicht überziehen. Einige Salatdressings, die man fertig kaufen kann, enthalten solche Moleküle – keine Seife! –, die dafür sorgen, dass das Dressing gut vermischt bleibt.

Was ist hier los?

Es gibt nur drei Primärfarben: Rot, Gelb und Blau. Du kannst sie nicht durch das Mischen von anderen Farben herstellen: Das ist die Definition von „primär".

Es gibt drei Sekundärfarben, jede von ihnen ist eine Mischung aus zwei Primärfarben. Wahrscheinlich hast du schon mal Farben gemischt und weißt daher, dass z.B. Gelb und Blau Grün ergeben. Wenn wir das Glas mit dem gelben Öl und dem blauen Wasser schütteln, machen wir genau das gleiche: Wir mischen die Farben. Das Öl und das Wasser brechen in winzige Tropfen auf, die Grün ergeben, wenn sie sich untereinander vermischen, genauso wie sich die kleinen Farbpartikel in Farbe untereinander vermischen. Der Unterschied ist nur, dass sie sich langsam wieder trennen, weil Öl und Wasser sich nicht dauerhaft mischen lassen. Eine solche Mischung stellen wir auch her, wenn wir Essig (das wässerig ist) und Öl schütteln, um ein Salatdressing zu machen.

Farbiges Licht zu mischen ist anders als Farbe zu mischen: Wenn du z.B. alle drei Primärfarben des Lichts (Rot, Grün, Blau) mischst, erhältst du weiß.

Für Schlauberger

Alle Maler stellen Farben her, indem sie andere mischen, und auch deine Kinder werden das beim Farbenmischen lernen. Nicht nur die Sekundärfarben werden auf diese Weise hergestellt, sondern auch Farben wie Rosa (Rot und Weiß) und Grau (Schwarz und Weiß), die nicht im Regenbogen auftauchen.

Auch die vielen Farben auf Fernseh- und Farbbildschirmen entstehen, indem nur die drei Primärfarben in unterschiedlichen Mengen untereinander vermischt werden. Allerdings funktioniert das Ganze hier ein wenig anders. Wenn du ganz nah an den Bildschirm herangehst (das ist nicht gut für deine Augen, also tu es nicht lange), siehst du, dass die drei Primärfarben andere sind: Rot, Blau und Grün. Wenn du einen weißen Flecken auf dem Bildschirm findest, kannst du alle drei als winzige Farbflecke nebeneinander entdecken.

Aber Moment mal: Grün?! Warum nicht Gelb? Und wie kommt es, dass diese drei Primärfarben auf dem Bildschirm Weiß ergeben, wo man doch nur ein schmutziges Braun erhält, wenn man diese drei Farben im Malkasten mischt? Der Unterschied liegt darin, dass wir im Fernsehen Licht mischen. Dabei gelten andere Regeln. In diesem Fall vermischen sich Rot und Grün zu Gelb, während Rot, Grün und Blau Weiß ergeben. Wenn die Farbflecke auf dem Bildschirm klein genug sind, kann dein Auge sie nicht auseinanderhalten und die Farben mischen sich direkt in deinen Augen. Das Mischen von Malfarben wird subtraktive Farbmischung genannt, das von Licht additive Farbmischung.

Malen auf Eis

So machst du Bilder, die niemals trocknen

Du brauchst

✔ Farben und einen Pinsel
✔ eine Eisplatte: Lass Wasser auf einem flachen Teller oder Tablett im Gefrierfach gefrieren.
✔ Tabletts oder große Teller, auf denen die Eisplatte Platz findet

Du lernst

dass man nicht unbedingt auf Papier malen muss!

So lange dauert's

20 Minuten

Das Eis muss vorher vorbereitet werden.

Und so geht's

Hol das vorbereitete Eis aus seinem Behälter und lege es umgekehrt hin, sodass du eine glatte Oberfläche zum Malen hast.

Und dann legt einfach mit deinem Kunstwerk los!

3

Bei runden Eisplatten, die auf einem Teller oder einem Unterteller, gemacht wurden, wird das Eis vielleicht von dem Pinsel im Kreis gedreht. Das ist okay – so bekommen die Kinder ein Gefühl dafür, wie rutschig Eis ist, und die Malbewegung wird sogar noch deutlicher.

4

Hast du schon mal ein paar Tropfen Ölfarbe auf Wasser gegeben und dann ein Stück Papier darauf schwimmen lassen?

5

Was ist hier los?

Du wirst dein Gemälde auf Eis nie fertig-stellen können: Wenn dein Kunstwerk fertig ist, schmilzt das Eis und wäscht es weg, also musst du ständig etwas Neues er-schaffen.

Das ist ein toller Anlass, über Eis zu spre-chen. Woraus besteht es? Wieso ist das Wasser hart geworden? Warum ist Eis so kalt? Wie lange wird das Gemälde erhalten bleiben, bevor es schmilzt – und was pas-siert, wenn es schmilzt? Stell einfach Fragen und denkt gemeinsam darüber nach.

Eis ist rutschig, weil seine Oberfläche nicht vollständig gefroren ist.

Für Schlauberger

Warum ist Eis also hart? Alle Flüssigkeiten gefrieren, wenn sie kalt genug sind, und viele feste Stoffe schmelzen, wenn sie heiß genug sind. Gestein schmilzt in den heißen Tiefen der Erde zu Lava, die bei Vulkanaus-brüchen austreten kann.

Metalle schmelzen, sodass man sie in Form gießen kann, z.B. zu Bronzestatuen. Der Unterschied zwischen festen Stoffen und Flüssigkeiten liegt darin, dass in festen Stoffen alle Atome oder Moleküle dicht zu-sammengepackt sind und sich nicht be-wegen können, während sie in Flüssigkeiten aneinander vorbeikönnen.

Und warum ist Eis rutschig? Darüber wurde seit dem 19. Jh. lange gestritten. Einige Wissenschaftler glaubten, dass die Ober-fläche des Eises schmilzt, wenn man Druck auf sie ausübt, zum Beispiel durch einen Fuß oder die Kufe eines Schlittschuhs. Andere meinten, dass die Eis-Oberfläche sowieso nie komplett gefroren ist – es läge immer eine sehr dünne Wasserschicht auf ihr –, und darum ist sie rutschig. Inzwischen wissen wir, dass die zweite Annahme stimmt – auch wenn Druck das Eis vielleicht extra schmel-zen lässt.

Auch einen Versuch wert

Zur Abwechslung könntest du auch Glitzer oder Stücke von Alufolie oder andere Dinge mit ins Eis einfrieren.

Versteckte Farben

Wenn die Wörter nass werden, zeigen sie ihr wahres Farb-Gesicht

Du brauchst

✔ Wasser
✔ bunte Filzstifte (auswaschbar)
✔ einen schwarzen Permanentmarker
✔ Papiertuch
✔ eine Pipette

Du lernst

Farben zu lesen und zu buchstabieren – auf eine unvergessliche Art und Weise!

So lange dauert's

20 Minuten

Und so geht's

1

Das passiert: Farbwörter (Rot, Blau, usw.) werden in Schwarz auf ein Papiertuch geschrieben. Aber wenn das Kind mit der Pipette Wasser auf die Wörter tropft, sickert wie durch Zauberhand die passende Farbe zu jedem Wort heraus.

Und so wird's gemacht: Schreib zunächst jedes Farbwort in der passenden Farbe mit den Filzstiften auf das Papiertuch.

2

Dann überschreibe es sorgfältig mit dem Permanentmarker.

Nun bist du bereit für den Trick. Dein Kind tropft Wasser aufs Papier, und „ta-daaa"!

Du kannst auch erst mal schauen, ob dein Kind die Wörter wieder-erkennt, bevor es ausprobiert, welche Farben zutage treten.

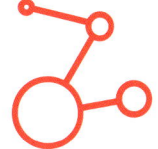

Was ist hier los?

Permanentmarker verwenden eine Farbe, die fest haftet, egal auf welche Oberfläche man mit ihr schreibt, und die sich auch nicht in Wasser auflösen lässt.

Gewöhnliche Filzstifte sind dagegen wasserlöslich. Wenn also Wasser vom Papiertuch aufgesogen wird, wird die versteckte farbige Tinte mit fortgetragen, während die schwarze Tinte in den Fasern des Papiers festklebt.

Wie schnell breitet sich Wasser auf einem Papierküchentuch im Vergleich zu normalem Druckerpapier aus?

Auch einen Versuch wert

Dieses Experiment eignet sich hervorragend dafür, den Kindern die Namen der Farben in verschiedenen Sprachen beizubringen wie zum Beispiel auf Englisch oder Französisch.

Für Schlauberger

Warum wird das Wasser überhaupt von dem Papier aufgesogen? Das Wasser „fließt" nicht wirklich. Nein, tatsächlich wird es von den Papierfasern „gezogen".

Papier besteht aus winzigen kleinen Fasern, die sich alle überkreuzen und aneinanderhaften. Zwischen ihnen befinden sich kleine Lücken, die man aber mit bloßem Auge nicht erkennen kann. Durch die Oberflächenspannung wird das Wasser in diese Lücken gezogen.

Durch die Oberflächenspannung kannst du ein Glas auch vorsichtig leicht über den Rand voll machen, ohne dass das Wasser überläuft: Die Spannung zieht den Rand der Wasseroberfläche hinunter auf den Glasrand. Wenn die Oberflächenspannung eine Flüssigkeit durch ein Fasernetz zieht, dann nennt man das den Kapillareffekt. So wird auch geschmolzenes Wachs den Kerzendocht hinaufgezogen und brennt dann an der Spitze.

Diese Wassertropfen werden durch Oberflächenspannung zusammengehalten. Das Wasser wird so daran gehindert, sich auszubreiten.

Deine eigene Druckerpresse!

Bunte Drucke mit Alufolie

Du brauchst

✔ eine große Rolle Alufolie
✔ Farben und Pinsel
✔ Papier

Du lernst

Spaß mit Kunst zu haben, aber auch eine einfache Druckart.

So lange dauert's

20 Minuten

Und so geht's

Rolle die Alufolie aus.

Gib deinem Kind die Farben und los geht's!

Wenn es sein Bild gemalt hat, leg
ein sauberes Blatt Papier oben drauf
und drücke es vorsichtig überall an.

Abheben – und fertig ist der Druck.

Auch einen Versuch wert

Drucke kann man auch anfertigen, indem
man Blätter, Luftpolsterfolie, Schmirgel-
papier oder jede andere „strukturierte"
Oberfläche mit Farbe bemalt und dann
gegen Papier drückt. Welche Strukturen
kannst du so erschaffen? Und vielleicht
kannst du sie als Teil eines Bildes verwenden – zum Beispiel als Teil eines
Baumes oder als einen Sandstrand.

Was ist hier los?

Hinter diesem Projekt steckt keine große Wissenschaft, aber vielleicht wollt ihr euch näher anschauen, wie der Druck ein spiegelverkehrtes Abbild des Originalbildes ist: eine linke Hand wird zur rechten und so weiter (probiert es mit farbigen Handabdrücken aus).

Außerdem ist es eine gute Gelegenheit, sich die Beschaffenheit der verschiedenen Materialien genauer anzuschauen: die Alufolie zerknittert leichter als Papier, und wenn sie zusammengeknüllt wird, behält sie diese veränderte Form bei – sie ist weniger elastisch. Sie ist auch nicht saugfähig: Die Farbe trocknet nicht so schnell wie auf Papier. Darum kannst du auch mit ihr drucken.

> Probiert doch mal eine „Rubbeltechnik". Nehmt ein Stück Papier, legt es auf eine gravierte Metallfläche (z.B. eine Münze) und reibt mit einem weichen Bleistift darüber, sodass sich das Bild überträgt.

Für Schlauberger

Abdrücke von Metalloberflächen zu machen, ist eine sehr alte Technik, die mindestens bis ins Mittelalter zurückreicht.

Die Künstler verwendeten harte, scharfe Metallwerkzeuge, um ihre Bilder oder Muster in flache Metallplatten zu ritzen – meistens Kupfer, weil es weicher als Stahl ist. Dann verteilten sie Tinte auf der Platte, vielleicht mit einer Rolle, legten Papier oben drauf und drückten es mithilfe einer speziellen Presse auf die eingravierte Oberfläche. So wurden feine schwarz-weiße Stiche hergestellt. Man hätte natürlich auch von Hand farbige Tinte auf die Metallplatten auftragen können, um Farbdrucke herzustellen. Im späten 18. Jh. wurden auch Stahlplatten verwendet: sie waren strapazierfähiger und behielten ihre scharfen Kanten und feinen Linien auch nach vielen Drucken bei – was gut war, wenn man z.B. viele Kopien eines illustrierten Buches oder von Banknoten machen wollte.

Kinder lieben es, Handabdrücke zu machen. Aber wenn sie ihre rechte Hand abdrucken ist der Abdruck dann auch rechtshändig?

Bonbon-Kaleidoskop

Mach tolle Regenbogenmuster
aus einer Packung Süßigkeiten

Du brauchst

✔ ein Päckchen M&Ms oder andere farbige Süßigkeiten wie Smarties oder Skittles
✔ warmes Wasser
✔ einen großen Teller

Du lernst

dass zwar coole Wissenschaft hinter dem Ganzen steckt, aber vor allem geht es um die wunderschönen bunten Muster, die dabei entstehen.

So lange dauert's

10 Minuten

Und so geht's

1

Lege die M&Ms in einem kreisförmigen Muster auf den Teller.

2

Gieße warmes Wasser in die Mitte des Tellers, bis die Pfütze an den Kreis aus Süßigkeiten heranreicht.

Schon bald löst sich die Farbe der Süßigkeiten im Wasser auf – und sie formen farbige Ströme, die wie Regenbogenspeichen in die Mitte laufen.

Auch einen Versuch wert

Versuche es mit verschiedenen Süßigkeiten, verschiedenen Formen, verschiedenen Farbkombinationen und vielleicht versuchst du sogar ein Bild mit den Süßigkeiten zu malen. Finde heraus, welchen Einfluss die Wasser-temperatur auf das Experiment hat.

Was ist hier los?

Es ist kein Geheimnis, dass die Lebensmittelfarbe in den grellbunten M&Ms sich in Wasser auflöst. Aber warum formen sie diese sagenhaften Speichenmuster?

Wieder einmal geht es um Dichte. Nicht nur die Farbe löst sich auf, sondern auch der Zucker im Überzug der Süßigkeiten. Und dadurch bekommt das Wasser wie wir schon mal (mit Salz, S. 63) gesehen haben, eine höhere Dichte. Also fließt es nach unten in die Tellermitte und trägt die Farbe mit sich fort.

Einige Leute überrascht es, dass die Farbe sich nicht seitlich vermischt. Aber das ist ein sehr viel langsamerer Prozess, als nach unten zu fließen. Er setzt ein, wenn die Farbmoleküle willkürlich durch das Wasser treiben. Dieser Prozess wird Diffusion genannt. Wenn es keine Strömungen im Wasser gibt, die die Farbe mit sich tragen, dauert es eine Weile, bis sich die Farbe gut vermischt hat.

Hast du schon mal versucht, eine kleine Menge Lebensmittelfarbe in ein Glas Wasser zu tropfen? Was passiert? Probier aus, ob die Wassertemperatur den Prozess irgendwie beeinflusst. **?**

Für Schlauberger

Wasserströmungen, die durch verschiedene Dichten aufgrund unterschiedlicher Mengen von im Wasser aufgelösten Stoffen verursacht werden, gibt es auch im Ozean. Wenn Wasser auf der Meeresoberfläche verdunstet, lässt es das Salz zurück. Dadurch wird das Meerwasser immer salziger, wodurch seine Dichte zunimmt, und es beginnt, auf den Meeresboden zu sinken. Dieses Absinken von Salzwasser hilft dabei, einen riesigen förderbandartigen Kreislauf in den Weltmeeren in Gang zu halten. Dieses globale Förderband bringt warmes Wasser aus den Tropen zu den Polen und sorgt so für einen Ausgleich der Temperaturunterschiede in diesen zwei Regionen.

Eine warme Meeresströmung, die aus dem Golf von Mexiko kommt und Golfstrom genannt wird, durchquert den Nordatlantik, gelangt an die Küste Westeuropas und bringt Wärme mit sich. Wenn es diese Strömung nicht gäbe, wäre das Klima in Großbritannien und Nordeuropa deutlich kälter.

Der Golfstrom

Küchenschrankregister

Ich hoffe, dir hat dieses Buch gefallen, du hattest eine Menge Spaß damit und hast ein paar neue Dinge gelernt. Auch wenn dieses Buch jetzt zu Ende ist, experimentiere mit deinen Kindern weiter. Wenn du mehr Anregungen brauchst, findest du sie auf meiner Webseite www.thedadlab.com – dort gibt es: Experimente, Tipps, Besprechungen von Kinderspielzeug und Büchern und vieles mehr.

Wie du hoffentlich sehen konntest, steht bei TheDadLab die Familie im Mittelpunkt: Es geht darum, Zeit miteinander zu verbringen. Deine Kinder werden mit Sicherheit auch etwas dabei lernen, aber das Wichtigste, was ihr aus diesem Buch mitnehmen sollt, sind nicht die wissenschaftlichen Fakten, sondern den Gedanken, dass Neugier und Kreativität wichtig sind und

dass man am besten lernt, indem man offen ist, Dinge zu erforschen, Fragen zu stellen, Neues auszuprobieren und zu schauen, was passiert – und dabei gemeinsam Spaß zu haben!

Offenheit und Forscherdrang sind unverzichtbar. Die Experimente sind keine Verordnungen, sondern Vorschläge – hör deinen Kindern zu und passe die Projekte an ihre Bedürfnisse und Interessen an. Was du für den wichtigsten Aspekt an einem Experiment hältst, muss nicht unbedingt das sein, was sie am meisten fesselt, also lass dich von ihrer Neugier leiten.

Ziel ist es, eine Generation von kreativen und neugierigen Menschen heranwachsen zu lassen – weil die Welt sie braucht. Gemeinsam können wir das schaffen.

@TheDadLab

Danksagung

Es gibt eine lange Liste von Menschen, die mir geholfen haben, dieses Buch zu verwirklichen, und ich bin ihnen allen dankbar.

Als Erstes möchte ich meiner Familie danken. Meinen neugierigen Söhnen Alex und Max, die mich ständig mit neuen Fragen herausfordern, auf die ich keine Antwort weiß, und dafür, dass sie mich jeden Tag aufs Neue inspirieren, und natürlich, weil sie meine entzückenden kleinen Models in diesem Buch waren. Meiner besseren Hälfte Tania dafür, dass sie mich auf der DadLab-Reise begleitet hat, mir eine zuverlässige Ratgeberin ist und mich bei jedem Schritt auf diesem Weg unterstützt hat.

Ein ganz besonderes Dankeschön gilt meiner Literaturagentin Kathleen Ortiz, weil sie mich erfolgreich davon überzeugt hat, dass ein ganz normaler Mensch wie ich ein Buch schreiben kann, und mich an der Hand genommen und durch diesen ganzen Prozess geführt hat.

Mein ausgiebiger Dank gilt auch meinem Lektor Joel Simons für seinen ansteckenden Enthusiasmus, sein unermüdliches Streben nach Perfektion, an dem er mich hat teilhaben lassen, und dafür, dass er absolut verstanden hat, was das Ziel dieses Buches ist.

Philip Ball bin ich dankbar, dass er mit mir die Tiefen der Wissenschaft erkundet hat, die hinter unseren Versuchen stecken, und für seine weisen Ratschläge.

Ein großes Dankeschön geht auch an David Pitt, der das Layout für dieses Buch erstellt und dafür gesorgt hat, dass es fantastisch aussieht.

Außerdem danke ich den Fotografinnen Victoria Coolco, Svetlana Reicher und Natalia Golubova für die wunderschönen Fotos von meiner Familie, durch die meine Leser an diesen wertvollen Momenten teilhaben können. Ohne diese Fotos wäre das Buch nicht dasselbe.

Und zu guter Letzt, aber vor allem, gilt mein Dank meiner Community. Euch allen, den TheDadLab-Lesern und Online-Fans, danke ich für eure Unterstützung und dafür, dass ich diese zusätzliche Verbindung zwischen euch und euren Kindern sein darf.

Bildnachweis